# UPSTREAM

## Inglês Instrumental
### Petróleo e Gás

Elisete Paes e Lima

UPSTREAM – Inglês instrumental – Petróleo e gás
Elisete Paes e Lima

Gerente editorial: Patricia La Rosa
Supervisora editorial: Noelma Brocanelli
Supervisora de produção gráfica: Fabiana Alencar Albuquerque
Editora de desenvolvimento: Viviane Akemi Uemura
Copidesque: Solange Aparecida Visconti
Revisão: Cárita Ferrari Negromonte e Alessandra Maria Rodrigues Silva
Diagramação: Lafaiete Pontes Davelli
Imagem do projeto gráfico: Volker Kreinacke/Photos.com
Capa: Manu Santos Design
Imagem da capa: Arte sobre foto de Kovalenko Iurii/Shutterstock
Ilustrações: Weber Amendola
Pesquisa iconográfica: Renate Hartifiel
Editora de direitos e iconografia: Vivian Rosa

© 2013 Cengage Learning Edições Ltda.

Todos os direitos reservados. Nenhuma parte deste livro poderá ser reproduzida, sejam quais forem os meios empregados, sem a permissão, por escrito, da Editora. Aos infratores aplicam-se as sanções previstas nos artigos 102, 104, 106 e 107 da Lei nº 9.610, de 19 de fevereiro de 1998.

Esta editora empenhou-se em contatar os responsáveis pelos direitos autorais de todas as imagens e de outros materiais utilizados neste livro. Se porventura for constatada a omissão involuntária na identificação de algum deles, dispomo-nos a efetuar, futuramente, os possíveis acertos.

**Dados Internacionais de Catalogação na Publicação (CIP)**
**(Câmara Brasileira do Livro, SP, Brasil)**

Lima, Elisete Paes e
Upstream – inglês instrumental – petróleo e gás /
Elisete Paes e Lima ; ilustrações de Weber Amendola. --
São Paulo : Cengage Learning, 2012.

Bibliografia
ISBN 978-85-221-1221-0

1. Inglês técnico – Problemas, exercícios etc.
2. Petróleo e gás natural – Terminologia –
Problemas, exercícios etc I. Amendola, Weber.
II. Título

12-03047                    CDD-428

**Índice para catálogo sistemático:**
**1. Inglês instrumental petróleo e gás :**
**Linguística aplicada        428**

© 2013 Cengage Learning. Todos os direitos reservados.

ISBN 13: 978-85-221-1221-0
ISBN 10: 85-221-1221-5

Cengage Learning
Condomínio E-Business Park
Rua Werner Siemens, 111 – Prédio 20 – Espaço 4
Lapa de Baixo – CEP 05069-900 – São Paulo – SP
Tel.: (11) 3665-9900 Fax: (11) 3665-9901
SAC: 0800 11 19 39
Para suas soluções de curso e aprendizado, visite
www.cengage.com.br
Impresso no Brasil
Printed in Brazil
1 2 3 4 5 6 7    15 14 13 12 11

*Para meu filho*

*Rafael*

# Agradecimentos

A concretização deste livro deve-se a muitas pessoas. A principal, entretanto, e a quem faço agradecimento especial, é o Prof. Dr. Juarez Fontana dos Santos, coordenador do curso superior de Tecnologia em Petróleo e Gás. Desde o início, o Prof. Juarez foi extremamente solícito, sugerindo textos e esclarecendo minhas dúvidas com relação a vocabulário e conceitos específicos para cada uma das áreas envolvidas nas disciplinas de Inglês Instrumental (Geologia, Oceanografia, Prospecção de Petróleo e Engenharia de Perfuração).

No final de 2010, já com grande quantidade de lições preparadas para cada disciplina, ele começou a me incentivar a organizar este material e enviá-lo a uma editora. A princípio, confesso, fiquei com um pouco de medo, mas criei coragem e enviei uma lição de cada área para a Cengage, que imediatamente aceitou meu projeto. Portanto, é a ele, mentor desta obra, que agradeço pela confiança, valorização profissional, apoio e incentivo recebidos nestes anos de convivência.

Agradeço à Profª. Carlota Lopes, que, em 1991, convidou-me para lecionar no ensino superior e com quem aprendi sobre Inglês Instrumental, pelas orientações e sugestões apresentadas para a organização, principalmente, da seção referente à estruturas linguísticas de cada unidade.

Agradeço aos colegas, professores do curso, que sempre colaboraram com sugestão de textos e esclarecimento de dúvidas: Mariângela Oliveira de Barros, Maria Fernanda Palanch, Maria Rita B. de Moraes, Carolina Bertozzi, Cíntia Miyaji, Samara Cazzoli Goya, Alessandra Mattos, Kátia Simone Jaworski, João Carlos da Silva, Cardivandro Soares e Marcelo Leonardo.

Agradeço aos alunos do curso de Petróleo e Gás que, ao longo destes anos, apresentaram sua opinião com relação aos textos selecionados e aos exercícios elaborados.

Meus agradecimentos à equipe da Cengage Learning que contribuiu para a realização desta obra: Patricia La Rosa, gerente editorial; Noelma Brocanelli, Supervisora Editorial da Cengage Learning, que me colocou em contato com o setor de novos projetos; Tânia Binato, Editora de Projetos, que aceitou meu projeto imediatamente; e Viviane Uemura, Editora de Desenvolvimento, que aceitou minhas sugestões. Também agradeço a todos aqueles que estiveram envolvidos com a produção do livro.

V

# Sumário

| | |
|---|---|
| **Apresentação** | IX |

**1 Relationship of Petroleum Geology to Science** — 1
*Cognatos e frases nominais*

**2 Weathering** — 11
*Tempos verbais – Presente Simples*

**3 Erosion** — 23
*Referência contextual*

**4 Sedimentary Basins** — 35
*Estruturas verbais – Modalidade*

**5 Classification of Traps** — 49
*Marcadores de transição I*

**6 Petroleum Formation** — 61
*Comparação – adjetivos e advérbios*

**7 Brazil's Presalt Play: Tectonic Foundations** — 75
*Formação de palavras – prefixos*

**8 Brazil's Presalt Geology** — 91
*Formação de palavras – sufixos*

**9 Evolution of Petroleum Exploration Concepts and Techniques** — 107
*Tempos verbais – Passado Simples*

**10 Methods of Exploration the Seismic Method** — 123
*Sequência temporal*

| | | |
|---|---|---|
| **11** | **Seismic Interpretation**<br>*Exemplificação* | **133** |
| **12** | **Marine Magnetotelluric Mapping the Santos Basin, Brazil**<br>*Tempos verbais – Present Perfect* | **145** |
| **13** | **Methods of Oil Exploration: Rotary Drilling**<br>*Enumeração* | **159** |
| **14** | **Types of Drilling Units**<br>*Marcadores de transição II* | **173** |
| **15** | **Deepwater Development Systems**<br>*Definições* | **187** |
| **16** | **Brazil's Presalt Play: Challenges Ahead**<br>*Tempos verbais – Futuro* | **199** |
| **17** | **Referências Bibliográficas** | **213** |
| **18** | **Glossário** | **219** |
| | **Apêndice I – Verbos Irregulares** | **229** |
| | **Apêndice II – Tempos Verbais** | **233** |

# Apresentação

Em minha primeira função como geólogo da Petrobras, fui designado como fiscal na perfuração de um poço exploratório na região de Linhares, Espírito Santo. A operação, a cargo da empresa Texas Drilling Corp., era liderada por Jim Noris e executada por um time de operadores americanos. Ainda hoje, passados mais de 40 anos, trago a recordação de minha ansiedade e apreensão por não possuir o domínio da língua inglesa. Somente graças à generosidade do amigo Jim e ao auxílio do inseparável Langenscheidt Pocket Dictionary, fui capaz de cumprir a missão que me havia sido atribuída.

A língua inglesa constituiu-se como o meio de comunicação corrente da indústria petroleira, sem dúvida uma das mais globalizadas atividades econômicas. Ao longo do tempo, a internacionalização dessa indústria e a acelerada incorporação de serviços tecnológicos resultaram na consolidação da língua inglesa como instrumento convencional de trabalho, cujo domínio tornou-se indispensável aos profissionais que nela atuam.

No período que vai de 1953, data em que foi criada a Petrobras, a 1997, quando foi promulgada a nova Lei que extinguiu o monopólio estatal do petróleo no Brasil, o requisito de domínio da língua inglesa ficou praticamente restrito aos colaboradores da Petrobras. Como reflexo da mudança da legislação, a partir da primeira década do século XXI, dezenas de operadoras internacionais instalaram-se no país e, após o anúncio da descoberta dos campos gigantes de petróleo na denominada área do Pré-Sal, virtualmente todas as petroleiras mundiais de expressão fizeram-se presentes no Brasil.

Apesar de mudanças tão significativas no cenário da indústria petrolífera nacional, em sua maioria, os cursos de formação dos profissionais especializados em petróleo ainda não incorporam instrumentos pedagógicos adequados que facilitem a proficiência em língua inglesa. Por outro lado, os tradicionais cursos de línguas também não ofertam uma formação linguística pautada em estrutura instrumental.

Há exatos seis anos, no processo da organização da estrutura curricular do curso superior em Tecnologia de Petróleo e Gás, concluí pela necessidade de inserir disciplinas de ensino da língua inglesa, em formato instrumental, articuladas com os eixos básicos do curso: geologia, oceanografia, prospecção e pesquisa de hidrocarbonetos.

Desde o primeiro contato, a Profª Elisete Paes e Lima demonstrou grande receptividade e entusiasmo pelo projeto, passando a participar ativamente como coprotagonista da construção do curso. Sua sólida formação profissional e excelente prática pedagógica, complementada por uma espontânea afetividade na relação com os demais docentes do curso, fizeram com que ela constituísse o elo entre os diversos temas, facilitando o exercício da interdisciplinaridade.

Contando com a colaboração dos demais docentes do curso, a Profª Elisete colecionou, ao longo dos anos, uma grande variedade de textos técnicos em língua inglesa, de relevância para o estudo das técnicas de prospecção e pesquisa de petróleo e gás, que foram empregados na composição e ação de suas aulas de inglês instrumental.

Seu envolvimento apaixonado pelos temas abordados, particularmente aqueles do campo da geologia, fizeram com que, em suas viagens de férias ao exterior, privilegiasse o registro fotográfico de feições geológicas exóticas ou notáveis, que eram orgulhosamente apresentadas para seus colegas e alunos em seu retorno às aulas.

A obra que agora é oferecida ao público constitui uma digna homenagem à dedicação, competência e até mesmo ao preciosismo, por vezes obsessivo, que a Profª Elisete sempre dedicou na estruturação de seu material didático. Os diversos capítulos foram organizados de forma lógica, segundo as diversas etapas das atividades do processo de prospecção e pesquisa de hidrocarbonetos, e certamente serão de valiosa utilidade para todos aqueles comprometidos com o setor.

Como partícipe do processo que resultou na organização desta obra, sinto-me honrado por ter tido a oportunidade de apresentar o trabalho dessa admirável educadora e notável personalidade.

*Prof. Dr. Juarez Fontana dos Santos*

# 1

# RELATIONSHIP OF PETROLEUM GEOLOGY TO SCIENCE

# RELATIONSHIP OF PETROLEUM GEOLOGY TO SCIENCE

## *Cognatos e frases nominais*

SELLEY, Richard C. Relationship of Petroleum Geology to Science (adapted). *Elements of Petroleum Geology*. London: Academic Press, 1998. p. 7-9.

Petroleum geology is the application of geology (the study of rocks) to the exploration for and production of oil and gas. Geology itself is based on chemistry, physics, and biology, involving the application of essentially abstract concepts to observed data. In the past these data were basically observational and subjective, but they are now increasingly physical and chemical, and therefore more objective. Geology, in general, and petroleum geology, in particular, still rely on value judgments which are based on experience and an assessment of validity among the data presented. It is appropriate to consider the roles of chemistry, physics, and biology in petroleum exploration (Figure 1).

## Chemistry and Petroleum Geology

The application of chemistry to the study of rocks (geochemistry) has many uses in petroleum geology. Detailed knowledge of the mineralogical composition of rocks is important at many levels. In the early stages of exploration, certain general conclusions as to the distribution and quality of potential reservoirs can be made from their gross lithology. For example, the porosity of sandstones tends to be facies related, whereas in carbonate rocks this is generally not so. Detailed knowledge of the mineralogy of reservoirs enables estimates to be made of the rate at which they may lose porosity during burial, and this detailed mineralogical information is essential for the accurate interpretation of geophysical well logs through reservoirs. Knowledge of the chemistry of pore fluids and their effect on the stability of minerals can be used to predict where porosity may be destroyed by cementation, may be preserved in its original form, or may be enhanced by the solution of minerals by formation waters. Organic chemistry is involved both in the analysis of oil and gas and in the study of the diagenesis of plant and animal tissues in sediments and the way in which the resultant organic compound, kerogen, generates petroleum.

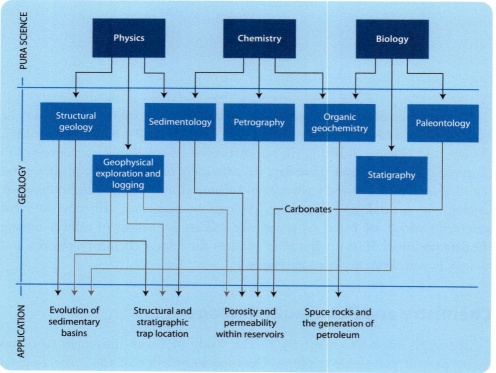

Figure 1: The relationship of petroleum geology to the pure sciences.

## Physics and Petroleum Geology

The application of physics to the study of rocks (geophysics) is very important in petroleum geology. In its broadest application geophysics makes a major contribution to understanding the earth's crust and, especially through the application of modern plate tectonic theory, to the genesis and petroleum potential of sedimentary basins. More specifically, physical concepts are required to understand folds, faults, and diapirs, and hence their roles in petroleum entrapment. Modern petroleum exploration is unthinkable without the aid of magnetic, gravity, and seismic surveys in finding potential petroleum traps. Nor could any finds be evaluated effectively without geophysical wireline well logs to measure the lithology, porosity, and petroleum content of a reservoir.

## Biology and Petroleum Geology

Biology is applied to geology in several ways, notably through the study of fossils (paleontology), and is especially significant in establishing biostratigraphic zones for regional stratigraphical correlation. The way in which oil exploration shifted the emphasis from the use of macrofossils to microfossils for zonation, has already been noted. Ecology, the study of the relationship between living organisms and their environment, is also important in petroleum geology. Carbonate sediments, in general, and reefs, in particular, can only be studied profitably with the aid of detailed knowledge of the ecology of modern marine fauna and flora. Biology, and especially biochemistry, is important in studying the transformation of plant and animal tissues into kerogen during burial and the generation of oil or gas that may be caused by this transformation.

# COMPREENSÃO DO TEXTO

**A. Compreensão geral** – Observe o layout do texto (título, subtítulos e figura), faça uma leitura rápida, sem se preocupar com palavras desconhecidas, e responda:

1. Em quantos parágrafos está organizado? Quais os assuntos abordados?

2. O que mostra a figura que acompanha o texto? De que modo está relacionada a ele?

3. Qual a ideia geral do texto?

**B. Compreensão dos pontos principais**

1. Que tipo de conhecimento químico é necessário para o estudo das rochas?

2. Qual a contribuição da geofísica para o entendimento da crosta terrestre?

_____

_____

_____

3. De que modo a biologia se aplica à geologia?

_____

_____

_____

## C. Compreensão detalhada – Relacione as atividades à respectiva disciplina:

1. Química    2. Física    3. Biologia

(   ) Interpretar precisamente os perfis geofísicos dos poços depende de informações sobre a mineralogia dos reservatórios.

(   ) Empregar a sísmica, a gravimetria e a magnetometria para encontrar armadilhas de petróleo.

(   ) Entender a diagênese de tecidos de plantas e animais nos sedimentos e como o composto orgânico resultante desse processo gera o petróleo.

(   ) Estudar a transformação dos tecidos de plantas e animais em querogênio durante o soterramento e a geração de óleo ou gás que pode ser provocada por essa transformação.

(   ) Estabelecer conclusões gerais com relação à distribuição e qualidade dos reservatórios em potencial com base em sua litologia geral.

(   ) Entender sobre falhas, dobras e diápiros (domos) e seu papel nas armadilhas de petróleo.

(   ) Empregar conhecimentos de ecologia sobre fauna e flora marinhas modernas para estudar sedimentos carbonáticos, em geral, e recifes, especificamente.

( ) Prever onde a porosidade poderá ser destruída pela cimentação, preservada em sua forma original, ou melhorada por meio da solução de minerais pela água da formação.

( ) Avaliar as descobertas empregando técnicas de perfilagem a cabo.

( ) Estabelecer zonas bioestratigráficas para fazer correlação regional.

( ) Empregar a teoria de placas tectônicas para entender a crosta terrestre, a gênese e o potencial petrolífero das bacias sedimentares.

( ) Fazer estimativas com relação à taxa de perda de porosidade durante o soterramento.

# ESTRUTURAS LINGUÍSTICAS

## A. COGNATOS

Observe que o texto apresenta muitas palavras semelhantes às da língua portuguesa, por exemplo: geology – geologia, application – aplicação, concepts – conceitos, physical – físicos, experience – experiência. Isto acontece porque a língua inglesa teve grande influência do latim, com a cristianização da Inglaterra, a partir de 597 A.D., e também do francês, a partir de 1066, durante um período de mais de 300 anos de dominação dos normandos. Como o latim e o francês eram línguas usadas na corte, nos serviços religiosos e na educação, tornaram-se línguas de prestígio. Consequentemente, quanto mais formal o registro/nível da linguagem, maior o número de vocábulos de origem latina ou francesa empregados no texto oral ou escrito.

EXERCÍCIO: Leia o texto novamente e retire outros cognatos, escrevendo seu correspondente em português.

## B. NOUN PHRASES (Frases nominais)

São expressões formadas por um substantivo (palavra principal) precedido de outras palavras que o determinam (modificadores): artigos (the, a, an); numerais (two, five, one hundred, two thousand); adjetivos (the **red** ball, a **beautiful** day); pronomes demonstrativos (this, that); pronomes possessivos (my, your, their); pronomes indefinidos (some, many, much); ou mesmo um (ou mais) substantivo(s) (the **Oil** and **Gas university** students). Em inglês, os modificadores geralmente são colocados antes do substantivo (**the solar** system, **blue** oceans), mas podem também aparecer depois dele, precedidos por uma preposição. Neste caso, a estrutura chama-se locução prepositiva (the student **of geology**, the form **of continents**).

Estas estruturas nominais frequentemente exigem uma leitura "invertida", uma vez que a palavra principal (o substantivo) aparece por último na construção. Observe estes exemplos:

1. petroleum geology – geologia do petróleo

2. this detailed mineralogical information – esta(s) informação(ões) mineralógica(s) detalhada(s)

3. regional stratigraphical correlation – correlação estratigráfica regional

4. the application of geology – a aplicação da geologia

5. the exploration for and production of oil and gas – a exploração e produção de petróleo e gás

6. the study of fossils – o estudo dos fósseis

Para entender os exemplos 1-3, é necessário "ler de trás para frente", pois as palavras que determinam o substantivo estão antepostas a ele. Os exemplos 4-6 são mais fáceis, pois sua estrutura (ordem das palavras) é bem semelhante à do português.

### EXERCÍCIO: Escreva em português as "noun phrases":
1. the application of essentially abstract concepts (l. 3)

**10**   UPSTREAM – Inglês Instrumental – Petróleo e Gás

2. certain general conclusions (l. 13)

_____

_____

3. the distribution and quality of potential reservoirs (l. 13-14)

_____

_____

4. the chemistry of pore fluids (l. 20)

_____

_____

5. the application of modern plate tectonic theory (l. 30)

_____

_____

# 2

## WEATHERING

# 2

# WEATHERING

## *Tempos verbais – Presente Simples*

EARTH SCIENCE AUSTRALIA. *Weathering*. Adapted from the lecture notes of Prof. Stephen A. Nelson's classes, Tulane University. (Adapted) Retrieved on May 17th, 2011 from http://www.earthsci.org/education/teacher/basicgeol/weasoil/weasoil.html.

1     **Weathering** is the process that breaks rocks down to smaller fragments and alters minerals formed at temperature and pressure higher to those stable under conditions present near the Earth's surface. Geologists recognize two categories of weathering processes: **physical weathering** – which disintegrates
5     rocks and minerals by a physical or mechanical process and **chemical weathering** – which chemically alters or decomposes rocks and minerals. These processes work together and break down rocks and minerals to smaller fragments or to minerals more stable near the Earth's surface.

    **Physical weathering** takes place by a variety of processes. a) Development
10     of joints – joints are regularly spaced fractures or cracks in rocks that show no offset across the fracture (fractures that show an offset are called faults). Joints are formed as a result of expansion due to cooling or relief of pressure as erosion removes the overlying rocks. Joints open free space in rock by which other agents of chemical or physical weathering can enter. b) Plant and Animal
15     Activities – Plant roots can extend into fractures and grow, causing expansion of the fracture. Growth of plants can break rocks. Animals burrowing or moving through cracks can break rocks. c) Frost Wedging – Upon freezing, there is an increase in the volume of the water. As the water freezes, it expands

and exerts a force on its surroundings. Frost wedging is more prevalent at high altitudes where there may be many freeze-thaw cycles.

**Chemical Weathering** – Many rocks and minerals are formed under conditions present deep within the Earth. When they arrive near the surface – as a result of uplift and erosion – they encounter different conditions: a) lower temperature (near the surface T = 0-50 ºC); b) lower pressure (near the surface P = 1 – several hundred atmospheres); c) higher free water – there is lots of liquid water near the surface, compared with deep in the Earth); d) higher free oxygen (although O is the most abundant element in the crust, most of it is tied up bonded into silicate and oxide minerals, at the surface there is much more free oxygen, particularly in the atmosphere). Because of these different conditions, minerals in rocks react with their new environment to produce new minerals that are stable under conditions near the surface.

Plant (left) and animal activity (right) can break rock. Fernando de Noronha, PE (left). Natal, RN (right).

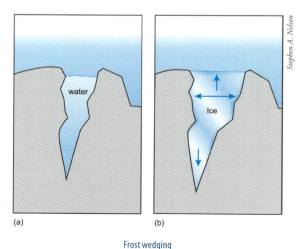

Frost wedging
Fonte: http://weathering.wikispaces.com/Fracturing+Cracking

**Weathering** 15

# COMPREENSÃO DO TEXTO

**A. Compreensão geral – Observe o layout do texto (título e figuras), faça uma leitura rápida, sem se preocupar com palavras desconhecidas, e responda:**

1. Qual o assunto abordado? Em quantos parágrafos está organizado?

2. Que informação as figuras ilustram? Em que linhas são encontradas essas informações?

**B. Compreensão dos pontos principais – Normalmente, a primeira sentença do parágrafo apresenta de forma geral e concisa o assunto discutido (tópico frasal/ideia núcleo). Relacione o tópico de cada um dos parágrafos que compõem o texto.**

1.
2.
3.

**C. Compreensão detalhada – Responda:**

1. Qual a definição de:
   intemperismo mecânico/físico?

intemperismo químico?

2. Que processos o intemperismo químico envolve?

3. O que são juntas? Como se formam e o que causam?

4. De que modo a atividade de plantas e animais provoca intemperismo?

5. Como ocorre a crioclastia?

6. Quais as condições próximas da superfície da Terra encontradas por rochas e minerais?

7. De que forma o oxigênio se encontra na crosta?

8. Como reagem os minerais em virtude dessas condições?

# ESTRUTURAS LINGUÍSTICAS

## A. COGNATOS

**Retire do texto 10 cognatos e escreva seu correspondente em português.**

## B. NOUN PHRASES

**Escreva em português as seguintes frases nominais:**

1. the Earth's surface (l. 3)

2. regularly spaced fractures (l. 10)

3. expansion of the fracture (l. 15-16)

4. these different conditions (l. 29-30)

# TEMPOS VERBAIS – PRESENTE SIMPLES

**Verbos** são palavras que expressam noções de ação (estudar, escrever) ou estado (ser, estar). Podem sofrer flexão de número (singular/plural), pessoa (1ª – eu/nós, 2ª – tu/vós, 3ª – ele/eles), tempo (presente, pretérito e futuro), modo (indicativo, subjuntivo e imperativo) e voz (ativa ou passiva). A identificação do verbo facilita o entendimento da frase, pois, com base nele, é possível determinar o sujeito (que geralmente o precede) e os complementos (que geralmente o seguem).

Em inglês, o **Presente Simples** emprega a forma básica (infinitivo sem a partícula "to"). A tabela apresenta como exemplos os verbos **be** (ser/estar), **work** (trabalhar), **watch** (assistir) e **study** (estudar). O verbo **to be** apresenta três formas: **am/is/are**. Observe que nos verbos **work**, **watch** e **study** a 3ª pessoa do singular se modifica: recebe **-s**, **-es** e **-ies**.

Para o falante de português, este "s" (-e<u>s</u>, -ie<u>s</u>) pode causar confusão, uma vez que, no final de palavras, ele forma o plural. Na língua inglesa, este "s", que indica terceira pessoa do singular, é uma marca do norueguês antigo que foi absorvida durante o período de dominação dos povos escandinavos (750–1050 d.C.) na Inglaterra.

| To Be | To Work | To Watch | To Study |
|---|---|---|---|
| I am | I work | I watch | I study |
| You are | You work | You watch | You study |
| He is | He work**S** | He watch**ES** | He stud**IES** |
| She is | She work**S** | She watch**ES** | She stud**IES** |
| It is | It work**S** | It watch**ES** | It stud**IES** |
| We are | We work | We watch | We study |
| You are | You work | You watch | You study |
| They are | They work | They watch | They study |

Veja alguns exemplos de verbos no Presente Simples empregados no primeiro parágrafo do texto:

*Weathering **is** the process that **breaks** rocks **down** to smaller fragments and **alters** minerals formed at temperature and pressure higher to those stable under conditions **present** near the Earth's surface. Geologists **recognize** two categories of weathering processes: physical weathering – which **disintegrates** rocks and minerals by a physical or mechanical process and chemical weathering – which chemically **alters** or **decomposes** rocks and minerals. These processes **work** together and **break down** rocks and minerals to smaller fragments or to minerals more stable near the Earth's surface.*

**EXERCÍCIO: Circule o(s) verbo(s) e sublinhe o respectivo sujeito:**

1. Physical weathering takes place by a variety of processes. (l. 9)
2. Joints are formed as a result of expansion due to cooling or relief of pressure as erosion removes the overlying rocks. (l. 12-13)
3. As the water freezes, it expands and exerts a force on its surroundings. (l. 18-19)
4. Frost wedging is more prevalent at high altitudes. (l. 19-20)
5. When rocks arrive near the surface they encounter different conditions. (l. 22-23)

# VOZ PASSIVA

A **Voz Passiva** indica que o sujeito sofre a ação, por exemplo: The rock cycle is studied (by geologists). O sujeito (the rock cycle) sofre a ação (is studied). Aquele que pratica a ação (geologists) pode ou não estar presente na oração.

O uso da **Voz Passiva** é muito comum nas construções impessoais de textos técnicos e científicos, que geralmente descrevem fatos, processos e eventos, quando se deseja enfatizar a ação, e não aquele que a realiza.

A **Voz Passiva** é formada pelo verbo to be + particípio passado. Os verbos em inglês classificam-se como regulares e irregulares. Os verbos regulares recebem o acréscimo de *-ed* ou *-d* para formar o passado simples e o particípio passado: *work – worked, chase – chased, study – studied*. Os verbos irregulares possuem formas distintas para o passado simples e o particípio passado: *write – wrote – written, begin – began – begun, know – knew – known*.

EXEMPLOS: Observe as frases do primeiro parágrafo na Voz Passiva.

1. Rocks **are broken down** to smaller fragments.
2. Minerals formed at higher temperature and pressure **are altered** into those stable under conditions present near the Earth's surface.
3. Two categories of weathering processes **are recognized** by geologists: physical and chemical weathering.
4. Rocks and minerals **are disintegrated** by a physical or mechanical process.
5. Rocks and minerals **are altered** or **decomposed** by chemical weathering.

**EXERCÍCIO: Sublinhe as estruturas verbais na Voz Passiva.**

1. Fractures that show an offset are called faults.
2. Rocks are broken down by plant roots or animal burrowing.
3. The volume of the water is increased upon freezing.
4. Many rocks and minerals are formed under conditions present deep within the Earth.
5. New minerals are produced because of different conditions near the surface of the Earth.

# 3

## EROSION

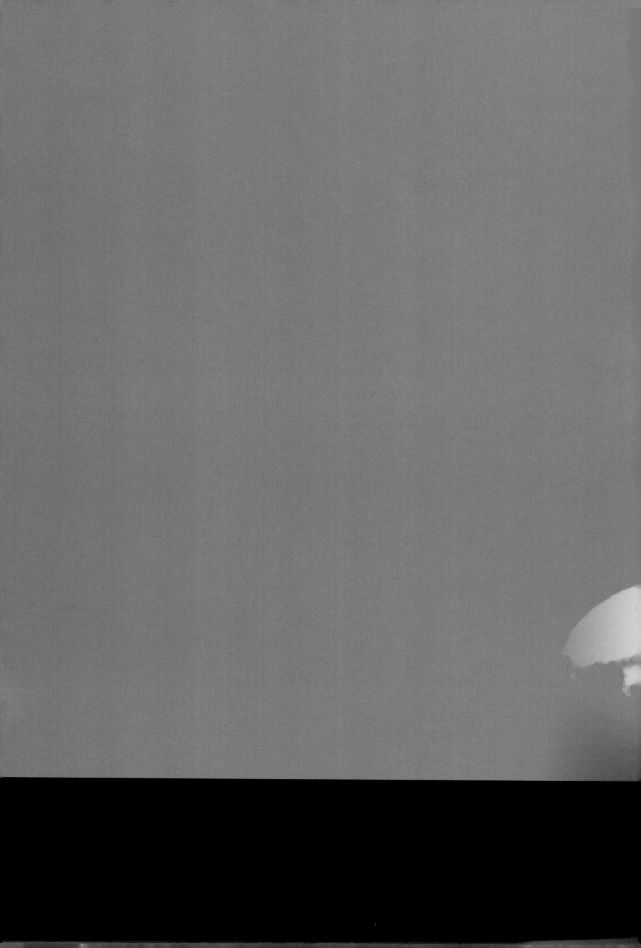

# EROSION

## *Referência contextual*

ENCARTA. Erosion. Microsoft® Encarta® Online Encyclopedia 2008. Retrieved on September 7th, 2008, from http://encarta.msn.com/encyclopedia_761555067/Erosion.html.

1     Erosion can be defined as the removal of rock and soil material by natural processes, principally running water, glaciers, waves, and wind. It transports rocky material after the process of weathering has transformed bedrock down into fragments or particles. It constantly sculptures the surface of the Earth 5   into new forms. The overall effect of the wearing down of mountains and plateaus is to level the land – to reduce all land surfaces to sea level. Opposing this tendency are volcanic eruptions and movements of the crust that raise mountains, plateaus, and new islands.

    Weathering initiates the erosion of rock, which causes alterations in the surface. 10  In dry climates, the top layer of a rock may expand from the heat of the sun and crack off from the lower layers. If the rock consists of several minerals, they may expand at different rates and break up the rock. In cold climates, ice breaks up rocks because rainwater, which seeps into cracks and pores in the rock, expands when it freezes. In damp climates rain acts chemically and mechanically in the weathering 15  of rocks. As the rain passes through the atmosphere it absorbs carbon dioxide, forming carbonic acid, which dissolves some minerals and decomposes others.

    Water plays an important role in erosion. When a region receives more water than the ground can absorb, the excess water flows to lower areas, carrying loose material with it. Gentle slopes are subject to sheet and rill erosion, in which the runoff removes a thin layer of topsoil without leaving visible traces on the eroded surface. The formation of new soil may balance this erosion. Often, however, especially in arid areas with little vegetation, the runoff leaves a pattern of gullies formed by rivulets. Water can erode solid rock, especially along streambeds where the stones that are carried with the current scour and abrade. Every year rivers deposit about 3.5 million tons of eroded material into the oceans.

Glaciers are important agents of erosion. Although a glacier moves slowly, it gradually removes all the loose material from the surface over which it travels, leaving bare rock surfaces when the ice melts. Besides removing loose material, glaciers actively erode the solid rock over which they travel. Rock fragments that become embedded in the bottom and sides of the moving ice mass act as an abrasive, grinding and scouring the bedrock which forms the walls and floors of mountain valleys.

**RILLS AND GULLIES**
http://faculty.gg.uwyo.edu/neil/teaching/geologypics/rills_gullies.JPG

*Neil Humphrey, Professor, Glaciology and Geomorphology, Dept. of Geology and Geophysics, U Wyoming.*

Coastal erosion of rocky cliffs and sandy beaches results from the action of ocean waves and currents. This is especially severe during storms. In many parts of the world the loss of land due to coastal erosion represents a serious problem. The action of waves, however, does not extend to a great depth, and the sea tends to cut a flat platform, characteristic of marine erosion, into coastal rocks.

Wind is another active agent of erosion, especially in arid climates with little vegetation. Wind blowing across bare land lifts particles of sand and silt but leaves behind larger pebbles and cobbles. Eventually, a surface layer of closely packed stones, called a desert pavement, is formed as the sand and silt is removed. The removal of large quantities of loose material is called deflation. Deflation lowers the landscape slowly, usually less than a meter (3 ft) in a thousand years. However, deflation can occur more rapidly, as it did during the 1930s in the southern parts of the Great Plains of the United States. Winds may sometimes deposit sand in large piles, known as sand dunes.

Erosion 27

# COMPREENSÃO DO TEXTO

**A. Compreensão geral** – Observe o layout do texto (título e figura), faça uma leitura rápida, sem se preocupar com palavras desconhecidas, e responda:

1. Qual o assunto abordado? Em quantos parágrafos está organizado?

2. Que informação a figura ilustra? Indique as linhas em que se encontram essas informações.

**B. Compreensão dos pontos principais e compreensão detalhada** – Considerando que a primeira sentença (tópico frasal/ideia núcleo) apresenta de forma geral e concisa o assunto discutido no parágrafo, relacione, na coluna da esquerda, empregando apenas uma ou duas palavras-chave, o tópico de cada um dos parágrafos. Em seguida, na coluna da direita, relacione as informações que você considera relevantes sobre cada um dos tópicos.

| | |
|---|---|
| 1. Erosão | |
| 2. _____ | |
| 3. _____ | |

| | |
|---|---|
| 4. _____ | _____ <br> _____ <br> _____ |
| 5. _____ | _____ <br> _____ <br> _____ |
| 6. _____ | _____ <br> _____ <br> _____ |

# ESTRUTURAS LINGUÍSTICAS

**A. Cognatos – Escreva o correspondente em português dos cognatos empregados no texto:**

removal (l. 1) _____   carbon dioxide (l. 15) _____

fragments (l. 4) _____   region (l. 17) _____

eruptions (l. 7) _____   formation (l. 22) _____

alterations (l. 9) _____   current (l. 25) _____

minerals (l. 11) _____   valleys (l. 41) _____

**B. Noun Phrases – Escreva em português as seguintes frases nominais:**

1. natural processes (l. 1-2)

_____

_____

_____

2. the weathering of rocks (l. 14-15)

3. arid areas with little vegetation (l. 23)

4. a surface layer of closely packed stones (l. 50-51)

**C. Tempos verbais – O texto descreve os principais processos erosivos. Como são eventos que acontecem habitualmente, o tempo verbal empregado com maior frequência é o Presente Simples, tanto na voz ativa quanto na voz passiva.**

Retire do texto cinco (5) frases que empregam o Presente Simples na voz ativa e cinco (5) na voz passiva.

VOZ ATIVA
1.
2.
3.
4.
5.

VOZ PASSIVA

1. _____
2. _____
3. _____
4. _____
5. _____

# REFERÊNCIA CONTEXTUAL

Muitas estruturas são empregadas para facilitar a leitura de um texto, evitar a repetição de determinadas palavras e/ou ideias e fazer a ligação entre as orações. Sua função é fazer referência a algo que já foi mencionado anteriormente. O uso de pronomes é a forma mais comum para fazer referência contextual. Pronomes são palavras que substituem ou acompanham os substantivos. Em inglês, os pronomes classificam-se em:

1) Pronomes pessoais – substituem as pessoas do discurso (1ª pessoa: a que fala, 2ª pessoa: com quem se fala, 3ª pessoa: de quem se fala) e podem ter função de sujeito (Subject Pronoun) e de objeto (Object Pronoun).
EXEMPLO: John studies geology. **He** likes to talk about **it** all the time.

2) Pronomes possessivos – indicam ideia de posse. Classificam-se como: pronome adjetivo (Possessive Adjective), aquele que acompanha um substantivo, e pronome substantivo (Possessive Pronoun), aquele que substitui um substantivo.
EXEMPLO: **My** concern is to study geology as much as I can. What is **yours**?

3) Pronomes reflexivos – fazem referência ao próprio sujeito do verbo. Em português, correspondem aos pronomes/expressões se, consigo, mesmo(a), próprio(a).
EXEMPLO: A geologist usually asks **himself** many questions while observing a rock outcrop.

Observe a tabela:

| SUBJECT PRONOUN | OBJECT PRONOUN | POSSESSIVE ADJECTIVE | POSSESSIVE PRONOUN | REFLEXIVE PRONOUN |
|---|---|---|---|---|
| I | me | my | mine | myself |
| you | you | your | yours | yourself |
| he | him | his | his | himself |
| she | her | her | hers | herself |
| it | it | its | its | itself |
| we | us | our | ours | ourselves |
| you | you | your | yours | yourselves |
| they | them | their | theirs | themselves |

4) Pronomes demonstrativos – referem-se a alguém ou algo.
Singular: **This** (este(a)/esse(a)/isto/isso) – **That** (aquele/aquela/aquilo)
Plural: **These** (estes(as)/esses(as)) – **Those** (aqueles/aquelas)
EXEMPLOS:
**This** book on sequence stratigraphy is mine. **That** one is yours.
**These** are the subjects to be studied this semester. To understand them easily, you will need **those** studied last semester.

5) Pronomes interrogativos – usados para formular perguntas: **Who** (quem – para pessoas), **What** (que/qual – coisas e animais), **Which** (que/qual – quando envolve escolha).
EXEMPLOS:
**Who** is in charge of the exploration team?
**What** do geologists study?
**Which** scientific areas are concerned with the study of the Earth?

6) Pronomes relativos – referem-se a um termo antecedente e iniciam uma oração adjetiva. Os pronomes relativos mais comuns em inglês são: **Who** (que/quem), **Whom** (que/quem), **Whose** (cujo(a) – pessoas, coisas e animais), **Which** (coisas e animais), **That** (que, o/a qual – pessoas, coisas e animais). As palavras **Where** (onde), **When** (quando), **Why** (por que) são consideradas, em inglês, advérbios relativos.

EXEMPLOS:

a. Petroleum exploration is carried out by <u>geoscientists</u> **who** are well trained in their area of expertise.

b. <u>The man</u> **whom** I was talking to is the drilling engineer in charge of the program of exploration in the Santos Basin.

c. <u>Detrital sedimentary rocks</u> are those **whose** material is transported as solid particles.

d. A sedimentary basin is <u>an area of the Earth's crust</u> **which/that** is underlain by a thick sequence of sedimentary rocks.

e. <u>A sedimentary basin</u>, **which** is underlain by a sequence of sedimentary rocks, can be over 5 km thick.

Além dos pronomes, outras expressões também são usadas para fazer referência contextual, por exemplo: **the former** (o primeiro), **the latter** (o último), **the first** (o primeiro), **the second** (o segundo), etc., **the last** (o último), **such + noun** (tal/este(a) + substantivo).

EXEMPLOS:

There are two main theories of petroleum formation: organic and inorganic. **The former** states that petroleum is formed from the remains of plants and animals. **The latter** states that petroleum is formed in the mantle.

EXERCÍCIO: Retorne ao texto "Erosion" e indique o antecedente das seguintes palavras e/ou expressões.

it (l. 2, 4) _____

this tendency (l. 7) _____

that (l. 7) _____

which (l. 9) _____

they (l. 11) _____

which (l. 13) _____

it (l. 13) _____

it (l. 19)_____

in which (l. 20) _____

where (l. 24) _____

that (l. 25) _____

it (l. 29, 31) _____

over which (l. 31) _____

over which (l. 38) _____

that (l. 36) _____

which (l. 40) _____

this (l. 43) _____

# 4

## SEDIMENTARY BASINS

# 4

# SEDIMENTARY BASINS

## *Estruturas verbais – Modalidade*

SELLEY, Richard C. Sedimentary Basins and Petroleum Systems (adapted). *Elements of Petroleum Geology.* London: Academic Press, 1998. p. 363-365.

1    A sedimentary basin is an area of the Earth's crust that is underlain by a thick sequence of sedimentary rocks. Hydrocarbons commonly occur in sedimentary basins and are absent from intervening areas of igneous and metamorphic rocks (North, 1971). This fundamental truth is one of the
5    cornerstones of the sedimentary-organic theory for the origin of hydrocarbons. Therefore it is important to direct our attention not only to the details of traps and reservoir rocks, but also to the broader aspects of sedimentary basin analysis. Before acquiring acreage in a new area, and long before attempting to locate drillable prospects, it is necessary to establish the type of basin to be
10   evaluated and to consider what productive fairways it may contain and where they may be extensively located. (...)
     A sedimentary basin is an area on the Earth's surface where sediments have accumulated to a greater thickness than they have in adjacent areas. No clear boundary exists between the lower size limit of a basin and the upper limit
15   of a syncline. Most geologists would probably take the view that a length of more than 100 km and a width of more than 10 km would be a useful dividing line. Most sedimentary basins cover tens of thousands of square kilometers and may contain more than 5 km of sedimentary fill. Note that a

sedimentary basin is defined as an area of thick sediment, with no reference to its topography. A sedimentary basin may occur as part of a mountain chain, beneath a continental peneplain, or in an ocean. Conversely, a present-day ocean basin need not necessarily be qualified as a sedimentary basin; indeed, many are floored by igneous rocks with only a veneer of sediment.

This distinction between topographic and sedimentary basins needs further elaboration. Both types of basin have a depressed basement. Sedimentary basins may or may not have been marked topographic basins during their history. Many basins are infilled with continental and shallow marine sediments, and totally lack deep-sea deposits.

Similarly, a distinction needs to be made between syndepositional and postdepositional basins. Most sedimentary basins indicate that subsidence and deposition took place simultaneously. This simultaneous occurrence is shown by facies changes and paleocurrents that are concordant with structure. On the other hand, in some basins paleocurrent directions and facies are discordant with and clearly predate the present structure (Fig. 1). This is particularly characteristic of intracratonic basins. The distinction between these two types of basins is critically important in petroleum exploration because of the need for traps to have formed before hydrocarbon generation and migration. Stratigraphic traps are generally formed before migration, except for rare diagenetic traps. Structural traps may predate or postdate migration, and establishing the chronology correctly is essential.

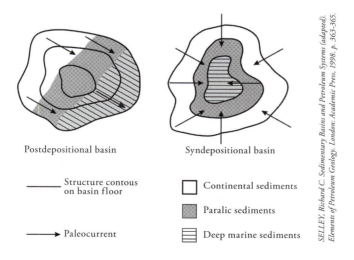

FIGURE 1 – The differences between syndepositional and postdepositional sedimentary basins.

A further important distinction must be made between topography and sediment thickness. When examining regional isopach or isochron maps, it is tempting to assume that they are an indication of the paleotopography of the basin. This is by no means always true. The depocenter (area of greatest sediment thickness) is not always found in the topographic nadir of the basin, but may frequently be a linear zone along the basin margin. This is true for terrigenous sediments, where maximum deposition may take place along the edge of a delta. Sediments thin out from the delta front both up the basin margin and also seaward. Similarly, in carbonate basins most deposition takes place along shelf margins, where organisms thrive in shallow, well-oxygenated conditions with abundant nutrients. Thus reefs and skeletal and oolite sands thin out toward basin margin sabkhas and basinward into condensed sequences of limemud.

Many studies have shown that a depocenter may migrate across a basin. The topographic center of the basin need not necessarily move with it. Examples of this phenomenon have been documented from Gabon, the Maranhão basin of Brazil, and Iraq (Belmonte et al., 1965; Mesner and Woodridge, 1964; and Ibrahim, 1979, respectively). Note that the thickness of each of the formations which is measured at outcrop should not be added to determine the overall thickness of sediment within a basin. This measurement can only be made from drilling or geophysical data (Fig. 2).

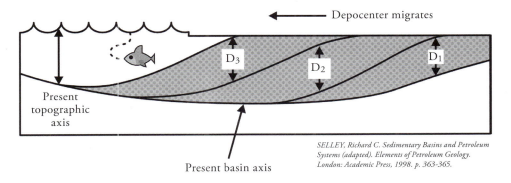

SELLEY, Richard C. Sedimentary Basins and Petroleum Systems (adapted). Elements of Petroleum Geology. London: Academic Press, 1998. p. 363-365.

FIGURE 2 – Cross-section illustrating migrating basin depocenters. Note how measuring the apparent of each unit at the surface, and summing them, will give an erroneous overall thickness of the basin fill.

Now that basins have been considered in time and profile, they may be viewed in plan. The term basin has two interpretations. In the broadest sense, as already defined, a sedimentary basin is an area of the Earth's surface underlain by sediments. In a narrower sense basins may be subdivided into true basins; those that are subcircular in plan and those that are elongate (troughs). Embayments, lacking centripetal closure, are basins that open out into larger basins (Fig. 3).

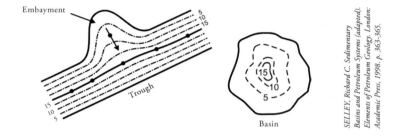

FIGURE 3 – Basins, defined as areas of the earth's surface underlain by sediments, may be subdivided into true basins, embayments, and troughts. Contours are in kilometers.

**Sedimentary Basins** 41

## COMPREENSÃO DO TEXTO

**A. Compreensão geral – Observe o layout do texto (título, figuras), faça uma leitura rápida, sem se preocupar com palavras desconhecidas, e responda:**

1. Qual o assunto abordado? Em quantos parágrafos está organizado?

2. Que informação apresenta cada figura? Em que parágrafo essa informação é desenvolvida?
   a. Figura 1 _____
   b. Figura 2 _____
   c. Figura 3 _____

**B. Compreensão dos pontos principais – Relacione o tópico frasal de cada um dos parágrafos que compõem o texto.**

1. _____

2. _____

3. _____

4. _____

5. _____

6. _____

7.

## C. Compreensão detalhada – Responda:

1. Qual a ideia fundamental da teoria biótica para a formação dos hidro-carbonetos?

2. Quais características as bacias sedimentares apresentam em geral?

3. Por que o autor ressalta que uma bacia sedimentar é definida como uma área que apresenta sedimentos espessos, sem referência à topografia?

4. Que outros aspectos das bacias sedimentares e topográficas são apresentados no terceiro parágrafo?

5. Qual a distinção entre bacias sedimentares sindeposicionais e pós-deposicionais?

6. Por que o depocentro de uma bacia nem sempre corresponde ao ponto mais baixo (nadir topográfico)?

7. Que fenômeno foi documentado na Bacia do Maranhão?

8. Com relação ao plano, qual a subdivisão das bacias?

# ESTRUTURAS LINGUÍSTICAS

**A. Noun Phrases – Escreva em português as seguintes frases nominais:**

1. a sedimentary basin (l. 1)

2. a thick sequence of sedimentary rocks (l. 2)

3. the sedimentary-organic theory (l. 5)

4. continental and shallow marine sediments (l. 27)

## B. Referência Contextual – Indique o antecedente das seguintes palavras e/ou expressões.

it (l. 10)

they (l. 11)

where (l. 12)

its (l. 20)

both types (l. 25)

that (l. 32)

these two types of basins (l. 36)

where (l. 50)

this phenomenon (l. 56)

those (l. 66)

## C. Tempos Verbais – Sublinhe a estrutura verbal das frases a seguir e identifique se está na voz ativa ou passiva.

1. A sedimentary basin is an area of the Earth's crust that is underlain by a thick sequence of sedimentary rocks.

2. Conversely, many present-day ocean basins are floored by igneous rocks with only a veneer of sediment.

3. Hydrocarbons commonly occur in sedimentary basins.

4. Many basins are infilled with continental and shallow marine sediments.

5. Most sedimentary basins cover tens of thousands of square kilometers.

6. No clear boundary exists between the lower size limit of a basin and the upper limit of a syncline.

7. A distinction needs to be made between syndepositional and post-depositional basins.

8. Stratigraphic traps are generally formed before migration (…).

9. The depocenter is not always found in the topographic nadir of the basin (…).

10. This simultaneous occurrence is shown by facies changes and paleocurrents (…).

## MODALIDADE

É um aspecto da língua inglesa cheio de sutilezas. Os verbos modais possuem uma única forma para todas as pessoas. Expressam certeza, possibilidade ou probabilidade de um evento no Presente, no Passado ou no Futuro. Sempre precedem um verbo principal e também apresentam construções na Voz Passiva. A tabela abaixo os relaciona segundo o grau de probabilidade que cada um apresenta.

| Will | maior probabilidade |
| Would | |
| Must | |
| Should | |
| May | |
| Might | |
| Can | menor probabilidade |
| Could | |

**EXEMPLOS – Observe alguns exemplos retirados dos primeiros parágrafos do texto:**

1. Before acquiring acreage in a new area, and long before attempting to locate drillable prospects, it is necessary to establish the type of basin to be evaluated and to consider what productive fairways it may contain and where they **may be** extensively **located**. (...) (l. 8-11)
2. Most geologists **would** probably **take the view** that a length of more than 100 km and a width of more than 10 km **would be** a useful dividing line. (l. 15-17)
3. A sedimentary basin **may occur** as part of a mountain chain, beneath a continental peneplain, or in an ocean. (l. 20-21)
4. Sedimentary basins **may** or **may not have been** marked topographic basins during their history. (l. 25-26)

OUTROS EXEMPLOS NA VOZ PASSIVA:
1. Knowledge of the chemistry of pore fluids and their effect on the stability of minerals **can be used** to predict where porosity **may be destroyed** by cementation, **may be preserved** in its original form, or **may be enhanced** by the solution of minerals by formation waters. (Unit 1 – l. 19-23)
2. Biology, and especially biochemistry, is important in studying the transformation of plant and animal tissues into kerogen during burial and the generation of oil or gas that **may be caused** by this transformation. (Unit 1 – l. 46-48)
3. When water **cannot be absorbed** by the ground, the excess flows to lower areas (...). (Unit 3 – l. 17-19)
4. Sand **may** sometimes **be deposited** in large piles, known as sand dunes. (Unit 3 – l. 56)


EXERCÍCIO: Retire do texto estruturas com verbos modais e identifique as que estão na voz passiva.

1. linha 39 _____

   _____

2. linha 41 _____

   _____

3. linha 44-46

4. linha 46-48

5. linha 58-60

6. linha 60-61

7. linha 62-63

8. linha 65

# 5

## CLASSIFICATION OF TRAPS

# 5

# CLASSIFICATION OF TRAPS

## *Marcadores de transição I*

SELLEY, Richard C. Classification of traps (adapted). *Elements of Petroleum Geology*. London: Academic Press, 1998. p. 313-314

Hydrocarbons may be trapped in many different ways. Several schemes have been drawn up to attempt to classify traps (e.g., Clapp, 1910, 1929; Lovely, 1943; Hobson and Tiratsoo, 1975; Biddle and Wielchowsky, 1994). Most trap classificatory schemes are based on the geometry of the trap, but Milton and Bertram (1992) use the seal as the classificatory parameter. Two major genetic groups of traps are generally agreed on: structural and stratigraphic. A third group, combination traps, is caused by a combination of processes. Agreement breaks down, however, when attempting to subdivide these groups.

The table presents a classification of hydrocarbon traps. It is a crude attempt to pigeonhole such truly fugacious entities as traps. The table has no intrinsic merit other than to provide a framework for the following descriptions of the various types of hydrocarbon traps.

Table – Crude Classification of Hydrocarbon Traps

| | |
|---|---|
| I | Structural traps – caused by tectonic processes<br>Fold trap<br>Compressional anticlines<br>Compactional anticlines<br>Fault traps |
| II | Diapiric traps – caused by flow due to density contrasts between strata<br>Salt diapirs<br>Mud diapirs |
| III | Stratigraphic traps – caused by depositional morphology or diagenesis |
| IV | Hydrodynamic traps – caused by water flow |
| V | Combination traps – caused by a combination of two or more of the processes above |

Structural traps are those whose geometry was formed by tectonic processes after the deposition of the beds involved. Levorsen (1967) states that a structural trap is "one whose upper boundary has been made concave, as viewed from below, by some local deformation, such as folding, or faulting, or both, of the reservoir rock. The edges of a pool which occurs in a structural trap are determined wholly, or in part, by the intersection of the underlying water table with the roof rock overlying the deformed reservoir rock." Basically, therefore, structural traps are caused by folding and faulting.

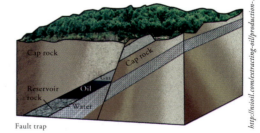

Fault trap

Anticlinal trap

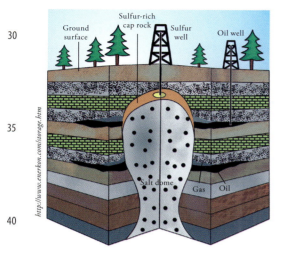

A second group of traps is caused by diapirs in areas where salt or mud have moved upward and domed the overlying strata, causing many individual types of trap. Arguably, diapiric traps are a variety of structural trap; but since they are caused by local lithostatic movement, not regional tectonic forces, they should perhaps be differentiated.

Stratigraphic traps are those whose geometry is formed by changes in lithology. The lithological variations may be depositional (e.g., channels, reefs, and bars) or postdepositional (e.g., truncations and diagenetic changes). Hydrodynamic traps occur in areas where the downward movement of water prevents the upward movement of oil, thus trapping the oil without normal structural or stratigraphic closure. Such traps are rare. The final group, combination traps, is formed by a combination of two or more of the previously defined genetic processes.

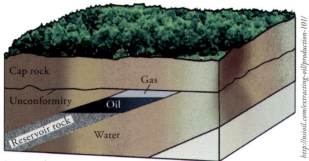

Stratigraphic trap

## COMPREENSÃO DO TEXTO

**A. Compreensão geral e dos pontos principais – Observe o layout do texto (título, figuras), faça uma leitura rápida, sem se preocupar com palavras desconhecidas, e responda:**

1. Qual o número de parágrafos?

2. Qual palavra se repete ao longo do texto (apenas uma)?

3. Qual a função da tabela?

4. Quais os tipos de trapa mencionados no texto?

**B. Compreensão detalhada – Responda:**

1. Que parâmetros são empregados para elaborar a classificação das trapas?

2. Defina:
a. Trapa estrutural

b. Trapa diapírica (domos)

c. Trapa estratigráfica

d. Trapa hidrodinâmica

e. Combinação de trapas _____

_____

## ESTRUTURAS LINGUÍSTICAS

**A. Cognatos – Escreva o correspondente em inglês:**

esquemas _____  deformação _____
geometria _____  intersecção _____
combinação _____  litologia _____
deposição _____  truncamentos _____

**B. Noun Phrases – Escreva em português as seguintes frases nominais:**
1. most trap classificatory schemes (l. 3-4)

   _____

2. some local deformation (l. 19-20)

   _____

3. local lithostatic movement (l. 35-36)

   _____

4. the downward movement of water (l. 44)

   _____

5. the previously defined genetic processes (l. 47)

   _____

**C. Referência contextual – Qual o antecedente das palavras/expressões em itálico?**

1. *whose* geometry (l. 13-14) _____
2. *they* are caused by (l. 35) _____
3. *whose* geometry (l. 38-39) _____
4. *where* the downward movement (l. 44) _____
5. *such* traps are rare (l. 46) _____

**D. Estruturas verbais – Retire do texto dois exemplos de (indique a linha):**
Presente simples – voz ativa

Presente simples – voz passiva

Verbos modais

## MARCADORES DE TRANSIÇÃO
**adição, alternância, contraste e conclusão**

Dizemos que um texto está bem elaborado quando há coesão entre os vários enunciados. Essa coesão, ou relação de sentido, é determinada pelo emprego de determinadas palavras e/ou expressões: os conectivos, também chamados marcadores de transição. Cada marcador de transição tem sentido específico, isto é, indica determinada relação entre as palavras ou orações que compõem o texto. Veja o exemplo:

*In the past these [geological] data were basically observational **and** subjective, **but** they are now increasingly physical and chemical, and **therefore** more objective. (Unit 1)*

Observe que o autor emprega os seguintes marcadores: **and** para ligar dois termos (observational/subjective), **but** para ligar a segunda oração à primeira e **therefore** para ligar a terceira oração à segunda. Embora essas palavras tenham a mesma função, a ideia que cada uma expressa é bem distinta: **and** indica adição, acréscimo de outra informação; **but** indica contraste, oposição de ideias entre a segunda oração e a primeira; **therefore** indica conclusão.

Veja a tabela:

| Ideia expressa | Inglês | Português |
|---|---|---|
| ADDITION (soma, adição, acréscimo) | and<br>also<br>as well as<br>besides/besides that<br>further<br>furthermore<br>in addition<br>likewise<br>not only … but also<br>moreover | e<br>também, além disso<br>como também, assim como<br>além disso<br>além disso<br>além disso<br>além disso<br>da mesma forma<br>não só … mas também<br>além disso |
| ALTERNATION (alternância) | either … or<br>neither … nor<br>or | ou … ou<br>nem … nem<br>ou |
| CONTRAST (oposição, contraste total) | but<br>however<br>nevertheless | mas<br>porém, contudo<br>entretanto, no entanto |
| CONCLUSION (conclusão, consequência) | in conclusion<br>finally<br>hence<br>so<br>then<br>therefore<br>thereby<br>thus | para concluir, concluindo<br>por fim<br>então<br>portanto<br>então (= portanto)<br>assim<br>desta forma<br>assim |

# EXERCÍCIOS

I. Retorne ao texto desta unidade e classifique os seguintes marcadores de transição:

1. but (l. 4) _____

2. however (l. 8) _____

3. therefore (l. 27) _____

4. and (l. 32) _____

5. thus (l. 45) _____

6. or (l. 47) _____


II. Classifique os marcadores de transição nos trechos abaixo, retirados dos textos das unidades anteriores.

1. Petroleum geology is the application of geology (the study of rocks) to the exploration for **and** production of oil and gas. (Unit 1 – l. 1-2)

2. For example, the porosity of sandstones tends to be facies related, **whereas** in carbonate rocks this is generally not so. (Unit 1– l. 14-16)

3. Knowledge of the chemistry of pore fluids and their effect on the stability of minerals can be used to predict where porosity may be destroyed by cementation, may be preserved in its original form, **or** may be enhanced by the solution of minerals by formation waters. (Unit 1 – l. 19-23)

4. Organic chemistry is involved **both** in the analysis of oil and gas, **and** in the study of the diagenesis of plant and animal tissues in sediments, **and** the way in which the resultant organic compound, kerogen, generates petroleum. (Unit 1 – l. 23-26)

5. More specifically, physical concepts are required to understand folds, faults, and diapirs, and **hence** their roles in petroleum entrapment. (Unit 1 – l. 31-33)

6. Glaciers are important agents of erosion. Although a glacier moves slowly, it gradually removes all the loose material from the surface over which it travels, leaving bare rock surfaces when the ice melts. **Besides** removing loose material, glaciers actively erode the solid rock over which they travel. (Unit 3 – l. 27-35)

7. Coastal erosion of rocky cliffs **and** sandy beaches results from the action of ocean waves and currents. This is especially severe during storms. In many parts of the world the loss of land due to coastal erosion represents a serious problem. The action of waves, **however**, does not extend to a great depth, and the sea tends to cut a flat platform, characteristic of marine erosion, into coastal rocks. (Unit 3 – l. 42- 47)

8. Hydrocarbons commonly occur in sedimentary basins **and** are absent from intervening areas of igneous and metamorphic rocks (North, 1971). This fundamental truth is one of the cornerstones of the sedimentary-organic theory for the origin of hydrocarbons. **Therefore** it is important to direct our attention **not only** to the details of traps and reservoir rocks **but also** to the broader aspects of sedimentary basin analysis. (Unit 4 – l. 2-8)

# 6

## PETROLEUM FORMATION

# PETROLEUM FORMATION

## *Comparação – adjetivos e advérbios*

LERNER, K. Lee and Lerner, Brenda Wilmoth, (Ed.) *Petroleum*. World of Earth Science. Gale Cengage, Inc., 2003. eNotes.com. 2006. Retrieved on August 26th, 2011, from http://www.enotes.com/earth-science/petroleum.

1     Petroleum is typically found beneath the surface of the Earth in accumulations known as fields. Fields can contain oil, gas, tar, water, and other substances, but oil, gas, and water are the most common. In order for a field to form, there must be some sort of structure to trap the petroleum,
5 a seal on the trap that prohibits leakage of the petroleum, and a reservoir rock that has adequate pore space, or void space, to hold the petroleum. To find these features together in an area in which petroleum has been generated by chemical reactions affecting organic remains requires many coincidences of timing of natural processes.
10     Petroleum generation occurs over long periods of time – millions of years. In order for petroleum generation to occur, organic matter such as dead plants or animals must accumulate in large quantities. The organic matter can be deposited along with sediments and later buried as more sediment accumulates on top. The sediments and organic material that accumulate are called source
15 rock. After burial, chemical activity in the absence of oxygen allows the organic material in the source rock to change into petroleum without the organic matter simply rotting. A good petroleum source rock is a sedimentary rock like shale or limestone that contains between 1% and 5% organic carbon.

Rich source rocks occur in many environments, including lakes, deep areas of the seas and oceans, and swamps. The source rocks must be buried deep enough below the surface of the Earth to heat up the organic material, but not so deep that the rocks metamorphose or that the organic material changes to graphite or materials other than hydrocarbons. Temperatures less than 302°F (150°C) are typical for petroleum generation.

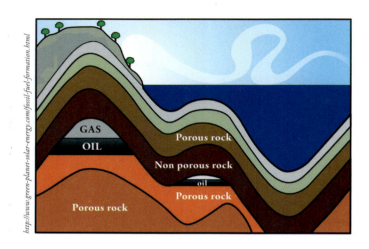

Once a source rock generates and expels petroleum, it migrates from the source rock to a rock where it can be stored. A rock capable of storing petroleum in its pore spaces, the void spaces between the grains of sediment in a rock, is known as a reservoir rock. Rocks that have sufficient pore space through which petroleum can move include sandstone, limestone, and rocks that have many fractures. A good reservoir rock might have pore space that exceeds 30% of the rock volume. Poor quality reservoir rocks have less than 10% void space capable of storing petroleum. Rocks that lack pore space tend to lack permeability, the property of rock that allows fluid to pass through the pore spaces of the rock. With very few pores, it is not likely that the pores are connected and less likely that fluid will flow through the rock than in a rock with larger or more abundant pore spaces. Highly porous rocks tend to have better permeability because the greater number of pores and larger pore sizes tend to allow fluids to move through the reservoir more easily. The property of permeability is critical to producing petroleum: if fluids cannot migrate through a reservoir rock to a petroleum production well, it will not produce much petroleum and the money spent will have been wasted.

In order for a reservoir to contain petroleum, it must be shaped and sealed like a container. Good petroleum reservoirs are sealed by a less porous and permeable rock known as a seal or cap rock. The seal prevents the petroleum from migrating further. Rocks like shale and salt provide excellent seals for reservoir rocks because they do not allow fluids to pass through them easily. Seal-forming rocks tend to be made of small particles of sediment that fit closely together so that pore spaces are small and poorly connected. The permeability of a seal must be virtually zero in order to retain petroleum in a reservoir rock for millions to hundreds of millions of years, the time span between formation of petroleum to the discovery and production of many petroleum fields. Likewise, the seal must not be subject to forces within the Earth that might cause fractures or other breaks in it.

Reservoir rocks and seals work together to form traps. Typical traps for petroleum include hills shaped similar to upside-down bowls below the surface of the Earth, known as anticlines, or traps formed by faults. Abrupt changes in rock type can form good traps, as exemplified by sandstone deposits next to shale deposits, especially if a sand deposit is encased in a rock that is sufficiently rich in organic matter to act as a petroleum source and endowed with the properties of a good seal.

An important aspect of the formation of petroleum accumulations is timing. The reservoir must have been deposited prior to petroleum migrating from the source rock to the reservoir rock. The seal and trap must have been developed prior to petroleum accumulating in the reservoir, or else the petroleum would have migrated farther. The source rock must have been exposed to the appropriate temperature and pressure conditions over long periods of time to change the organic matter to petroleum. The necessary coincidence of several conditions is difficult to achieve in nature.

# COMPREENSÃO DO TEXTO

**A. Compreensão geral e dos pontos principais – Faça uma leitura rápida do texto e responda:**

1. Qual a ideia principal do texto?

2. Relacione o tópico frasal de cada parágrafo empregando apenas duas ou três palavras-chave.

   §1. _____   §4. _____

   §2. _____   §5. _____

   §3. _____   §6. _____

**B. Compreensão detalhada – Enumere as respectivas características de cada tópico frasal.**

§1 _____

§2 _____

§3 _____

§4

§5

§6

# ESTRUTURAS LINGUÍSTICAS

**A. Noun Phrases – Escreva em português:**

1. many coincidences of timing of natural processes (l. 8-9)

2. chemical activity in the absence of oxygen (l. 15)

3. the void spaces between the grains of sediment in a rock (l. 27-28)

4. a less porous and permeable rock (l. 43-44 )

5. the appropriate temperature and pressure conditions (l. 65-66)

## B. Referência contextual – Qual o antecedente das palavras/expressões em itálico?

1. *in which* petroleum (l. 7) _____
2. *that* accumulate (l. 14) _____
3. *that* exceeds 30% (l. 30-31) _____
4. *they* do not allow fluids (l. 46) _____
5. *that* might cause fractures (l. 53) _____

## C. Estruturas verbais – Sublinhe e classifique as estruturas verbais: presente simples, presente voz passiva, verbo modal.

1. Fields can contain oil, gas, tar, water, and other substances, (…). (l. 2-3)
2. Petroleum generation occurs over long periods of time. (l. 10)
3. The sediments and organic material that accumulate are called source rock. (l. 14-15)
4. The source rocks must be buried deep enough below the surface of the Earth (…). (l. 20-21)
5. Temperatures less than 302°F (150°C) are typical for petroleum generation. (l. 23-24)
6. A good reservoir rock might have pore space that exceeds 30% of the rock volume. (l. 30-31)
7. (…) because they do not allow fluids to pass through them easily. (l. 46)
8. (…) especially if a sand deposit is encased in a rock that (…). (l. 58)

# COMPARAÇÃO – ADJETIVOS E ADVÉRBIOS

Em um texto, com frequência, são empregadas expressões que apresentam comparações em graus diferentes: comparativo de igualdade, superioridade ou inferioridade, superlativo de superioridade ou inferioridade. Em inglês, essas estruturas apresentam formação distinta da que ocorre na língua portuguesa.

1. Adjetivos e advérbios com apenas uma sílaba: acrescenta-se *-er* e *-est*.

|  | Grau normal | Comparativo | Superlativo |
|---|---|---|---|
| Adjetivos | old | older | oldest |
|  | young | younger | youngest |
|  | deep | deeper | deepest |
|  | large | larger | largest |
|  | big | bigger | biggest |
|  | small | smaller | smallest |
|  | high | higher | highest |
|  | short | shorter | shortest |
| Advérbios | fast | faster | fastest |
|  | slow | slower | slowest |
|  | late | later | latest |

2. Adjetivos de duas sílabas que terminam em *-y* ou *-ly*, *-ow*, *-le* e *-er*: acrescenta-se *-er* ou *-est*.

|  | Grau normal | Comparativo | Superlativo |
|---|---|---|---|
| Adjetivos | tiny | tinier | tiniest |
|  | early | earlier | earliest |
|  | shallow | shallower | shallowest |
|  | narrow | narrower | narrowest |
|  | clever | cleverer | cleverest |

3. Advérbios de duas sílabas que terminam em *-ly* são precedidos de *more* e *most*:

| | Grau normal | Comparativo | Superlativo |
|---|---|---|---|
| Advérbios | quickly slowly | more quickly more slowly | most quickly most slowly |

4. Adjetivos com três ou mais sílabas são precedidos de *more* e *most*:

| | Grau normal | Comparativo | Superlativo |
|---|---|---|---|
| Adjetivos | expensive important common modern | more expensive more important more common more modern | most expensive most important most common most modern |

5. Para indicar inferioridade, emprega-se *less* e *least* tanto a palavras curtas quanto a longas.

| | Grau normal | Comparativo | Superlativo |
|---|---|---|---|
| Adjetivos | dense porous | less dense less porous | least dense least porous |

Petroleum Formation 71

6. Alguns adjetivos e advérbios apresentam formas irregulares:

|  | Grau normal | Comparativo | Superlativo |
|---|---|---|---|
| Adjetivos | bad | worse | worst |
|  | far | farther/further | farthest/furthest |
|  | good | better | best |
|  | many | more | most |
| Advérbios | badly | worse | worst |
|  | far | farther/further | farthest/furthest |
|  | little | less | least |
|  | much | more | most |
|  | well | better | best |

# EMPREGO NA FRASE

As estruturas comparativas podem indicar equivalência, não equivalência, superlativo, proporção ou intensificação.

**A. EQUIVALÊNCIA – expressões que apresentam similaridade:**

| | | | | |
|---|---|---|---|---|
| as ... as | the same ... as | similar to | equal/ly | each |
| as many ... as | the same | are similar | equal to | all |
| as much ... as | is like | similar/ly | compared to | both |
| | | | compared with | alike |

1. Organic chemistry is involved **both** in the analysis of oil and gas **and** in the study of the diagenesis of plant and animal tissues in sediments and the way in which the resultant organic compound, kerogen, generates petroleum. (Unit 1 – l. 23-26)
2. **Similarly**, a distinction needs to be made between syndepositional and postdepositional basins. (Unit 4 – l. 29-30)
3. Does Santos Basin have **as many** fields **as** Campos Basin?
4. Tupi field, now called "Lula", shows reserves of **as much** oil **as** the Libra field.

**B. NÃO EQUIVALÊNCIA – as seguintes expressões são usadas para comparar (indicando superioridade ou inferioridade) ou contrastar (indicando diferença).**

| ...-er than | not as ... as | not equal to | unequal/ly |
|---|---|---|---|
| more ... than | not as many ... as | not the same as | unlike/ly |
| less ... than | not as much ... as | not all | different from |

1. Weathering is the process that breaks rocks down to **smaller fragments** and alters minerals formed at **higher temperature** and pressure to those stable under conditions present near the Earth's surface. (Unit 2 – l. 1-3)
2. Frost wedging is **more prevalent** at high altitudes where there may be many freeze-thaw cycles. (Unit 2 – l. 19-20)
3. When a region receives **more water than** the ground can absorb, the excess water flows to **lower areas**, carrying loose material with it. (Unit 3 – l. 17-19)
4. Deflation lowers the landscape slowly, usually **less than** a meter (3 ft) in a thousand years. (Unit 3 – l. 53-54)

**Petroleum Formation** 73

## C. SUPERLATIVO
**Superioridade: the ___est; the most ___; Inferioridade: the least ___**

1. In its **broadest application** geophysics makes a major contribution to understanding the earth's crust (…). (Unit 1 – l. 28-29)
2. Fields can contain oil, gas, tar, water, and other substances, but oil, gas, and water are **the most common**.
3. Currently, petroleum is one of **the most important** natural resources.
4. Where is **the largest** oil field in the world located?

## D. PROPORÇÃO – the ___-er (…) the ___-er / the more / the less

1. **The more** you study, **the more** you learn.
2. **The more** oil fields discovered, **the more** oil recovered!
3. **The deeper** the borehole, **the heavier** the cable.
4. **The more information** about a field, **the more complete** the analysis geologists can give about it.

## E. INTENSIFICAÇÃO – repetição de palavras no grau comparativo

1. Exploration offshore Brazil has gone **deeper and deeper**.
2. New technological advances allow geophysicists to acquire **better and better** seismic data.
3. With new enhanced technology, drilling has become **faster and faster**.
4. As a sedimentary rock is buried under **more and more** sediment, the heat and pressure of burial turn it into a metamorphic rock.

**EXERCÍCIO: Sublinhe as expressões que apresentam comparação e classifique:**

a. Equivalência
b. Não equivalência (superioridade, inferioridade, contraste)
c. Superlativo (superioridade ou inferioridade)
d. Proporção
e. Intensificação

1. Petroleum is among our most important natural resources.
2. The most common types of petroleum are tar, oil, and natural gas.
3. The molecules of hydrocarbons can be as simple as that of methane, which consists of a carbon atom surrounded by four hydrogen atoms, abbreviated as $CH^4$.
4. More complex hydrocarbons, such as naphthenes, include rings of carbon atoms linked together.
5. Different types of petroleum can be used in different ways. As an example, jet fuel is not the same as the gasoline that automobiles consume.
6. Refineries separate different petroleum products by heating petroleum to the point that heavy hydrocarbon molecules separate from lighter hydrocarbons so that each product can be used for a specific purpose.
7. Refining reduces the waste associated with using limited supplies of more expensive petroleum products in cases in which a cheaper, more plentiful type of petroleum would suffice.
8. Tar or asphalt can be used for road surfaces and roofing materials, paraffin can be used to make candles and other products, and less dense, liquid hydrocarbons can be used for engine fuels.
9. Poor quality reservoir rocks have less than 10% void space capable of storing petroleum.
10. With very few pores, it is not likely that the pores are connected and less likely that fluid will flow through the rock than in a rock with larger or more abundant pore spaces.
11. Highly porous rocks tend to have better permeability because the greater number of pores and larger pore sizes tend to allow fluids to move through the reservoir more easily.
12. Good petroleum reservoirs are sealed by a less porous and permeable rock known as a seal or cap rock.
13. The seal prevents the petroleum from migrating further and further.
14. The better the data about a field, the easier to develop a description of the reservoir.
15. The more complete a development plan, the more successful the recovery.

# 7

**BRAZIL'S PRESALT PLAY
TECTONIC FOUNDATIONS**

# BRAZIL'S PRESALT PLAY: TECTONIC FOUNDATIONS

## Formação de palavras – prefixos

Beasley, C. et al. *Brazil's Presalt Play*. In Oilfield Review. Autumn 2010:22, nº 3, pp. 30-31. Schlumberger. Retrieved on March 12, 2011, from http://www.slb.com/resources/publications/oilfield_review/en/2010/or2010_aut.aspx. Copyright Schlumberger. Used with permission.

The geology of the presalt play is linked to tectonic movements that led to the breakup of the Gondwanan supercontinent. The split, driven by heat from the Earth's core, resulted from thermal uplift and rifting that ultimately culminated in seafloor spreading, which continues to this day.
These processes set up a geologic framework that dates back some 150 million years, in which rapid events may have taken 2 to 3 million years and local occurrences may have spread over 1,000 km (620 mi) or greater, thus demanding a big picture perspective.

Continental masses ride on lithospheric plates above a partially molten mantle. The molten mantle slowly flows along convection cells that transfer heat from the Earth's center to its surface. As they move, some plates drift over upwelling magma within the asthenosphere. This magma rises from the deep in a mantle plume that creates localized hot spots as it conducts heat upward (Figure 1). Today, volcanoes seamounts and basalt flows can be used to track the ancient path of plate migration over a hot spot.

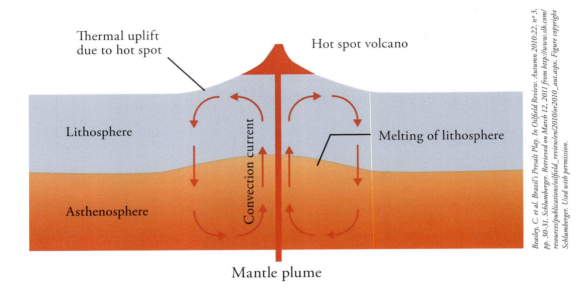

Figure 1 – Mantle Plume. Upwelling mantle material rises from the asthenosphere on convective currents. Depending on the thickness and strength of the overlying lithosphere, the plume may punch through the crust as a volcano, or it may reside below the lithosphere, melting the base of the overlying layer and causing it to stretch and swell upward as a hot spot. As a lithospheric plate drifts above a stationary plume, it may leave a trail of volcanoes and seamounts that map the direction of drift.

When a mantle plume rises beneath a continental plate, it can also cause the overlying crust to swell. Thermal uplift, or doming of the continental crust and upper mantle, is followed by faulting as the crust stretches, thins and weakens. Rifts develop at the crest of the uplift and radiate outward, at about 120° increments. These rifts meet to form a triple junction. Typically, two active rifts create a single accreting boundary where the plates begin to separate, while the third rift becomes inactive as a failed arm or aborted rift (Figure 2). The failed arm often becomes a locus of volcanism or other magmatic activity. Some failed arms become the sites of flood basalts, which are associated with the impingement of a mantle plume against the base of a lithospheric plate. As the plates continue to diverge, magma rises up to fill the expanding rifts.

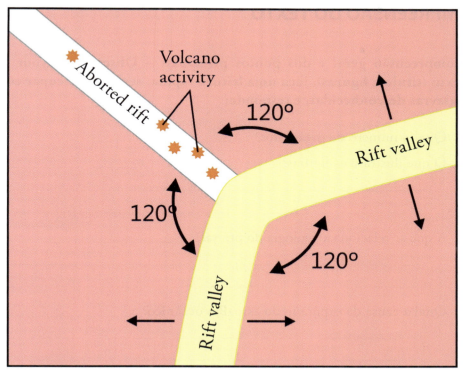

Figure 2 – Triple junction in map view. Uplifts over mantle plumes develop crestal rifts that intersect at approximately 120° angles. Two active arms create an expanding rift that pulls away from the main body of a plate, leaving an inactive aborted rift, or failed arm, that is typically marked by volcanic activity.

Thermal decay takes over once the plate drifts away from the hot spot, and the stretched crust begins to sag as cooling causes it to contract and become denser. The resulting basins gradually fill with potential source beds, reservoir rock, and evaporites. The sag basins would become the focus of presalt exploration on both sides of the Atlantic.

## COMPREENSÃO DO TEXTO

**A. Compreensão geral e dos pontos principais** – Observe o layout do texto (título e figuras), faça uma leitura rápida, sem se preocupar com palavras desconhecidas, e responda:

1. Qual o número de parágrafos? _____

2. O que ilustram as figuras? _____
_____
_____

3. A que se relaciona a geologia do pré-sal? _____
_____
_____

4. Qual a causa da expansão do assoalho oceânico? _____
_____
_____

5. A que se referem os números nas linhas 6 e 7?
   a. 2 a 3 milhões _____
   b. 1.000 km _____

**B. Compreensão detalhada** – Responda:

1. Como ocorre a movimentação das massas continentais?
_____
_____
_____

2. De onde surge o magma? O que ele cria?
_____
_____
_____

3. Para que os cientistas estudam os vulcões submarinos e os derrames basálticos?

4. Por que ocorrem falhas na crosta terrestre?

5. Explique como se forma a tripla junção.

6. O que acontece com a crosta à medida que resfria?

7. Que tipos de rocha preenchem as bacias resultantes?

# ESTRUTURAS LINGUÍSTICAS

## A. NOUN PHRASES – Escreva em português.

1. thermal uplift and rifting (l. 3)

2. a partially molten mantle (l. 9-10)

3. doming of the continental crust and upper mantle (l. 17-18)

4. other magmatic activity (l. 23-24)

## B. REFERÊNCIA CONTEXTUAL – Escreva verdadeiro (V) ou falso (F). Corrija as afirmativas falsas.

( )   *that* (1) refere-se a *presalt play* (l. 1)
( )   *which* (4) refere-se a *seafloor spreading* (l. 4)
( )   *that* (10) refere-se a *convection cells* (l. 10)
( )   *it* (13) refere-se a *mantle plume* (l. 13)
( )   *it* (16) refere-se a *continental plate* (l. 16)
( )   *which* (24) refere-se a *flood basalts* (l. 24)

## C. ESTRUTURAS VERBAIS – Retire do texto exemplos de:

1. Presente simples – voz ativa/sujeito singular (l. 11 e 12)

2. Presente simples – voz ativa/sujeito plural (l. 7 e 8)

3. Presente simples – voz passiva/sujeito singular (l. 1 e 18) e sujeito plural (l. 25)

4. Verbo modal – sujeito plural (l. 6 e 7)

## D. MARCADORES DE TRANSIÇÃO – Complete:

Nas linhas 7 e 8, o autor emprega três marcadores: _____ , _____ , _____ .

Cada um expressa respectivamente a ideia de: _____ , _____ , _____ .

Na linha 16, há outro marcador, que também expressa a ideia de_____ .

# FORMAÇÃO DE PALAVRAS – PREFIXOS

Da mesma forma que a língua portuguesa, a inglesa também utiliza prefixos e/ou sufixos para formar novas palavras. **Pre-** significa "antes", portanto, o prefixo está anteposto a um radical. Por exemplo, o prefixo **sub-** (que significa abaixo) na palavra **subsurface** modifica o significado com relação à localização – abaixo da superfície. O prefixo **in-** na palavra **incomplete** apresenta a ideia de oposição, indicando algo que não está completo.

O sufixo está posposto ao radical. Por exemplo, o sufixo **-er** (pessoa que realiza uma atividade) acrescido ao verbo **teach** (ensinar) forma o substantivo teacher (aquele que ensina); o sufixo **-ate** (que indica produto resultante de um processo) acrescido ao verbo **condense** forma o substantivo **condensate** (o produto resultante do processo de condensação). Os sufixos serão estudados na próxima unidade.

O estudo sobre a formação de palavras facilita o entendimento do texto, pois permite identificar a categoria gramatical (substantivo, adjetivo, verbo ou advérbio) da palavra e até mesmo inferir seu significado.

Vamos conhecer alguns prefixos da língua inglesa e seu significado.

## 1. Prefixos negativos e positivos

| Prefixo | Significado | Exemplos |
|---|---|---|
| **Negativos** un- | | unconformity, undo, unfair |
| in- | oposição | incomplete |
| im- | negação | impossible |
| il- | reverter uma ação | illegal, |
| ir- | | irregular, irrelevant |
| non- | negação | non-perishable, non-smoker |
| mis- | ruim, errado | misunderstand, miscalculate |
| dis- | ideia contrária | disconnect, dislike |
| | ação contrária | disagree, dissociate |

*continuação*

| mal- | ideia contrária | maltreat, malfunction, malformed |
| anti- | contra | anticline, anti-social |
| de- | reduzir, reverter uma ação | demagnetize, decode, defrost |
| under- | muito pouco | underestimate |
| a- | falta, ausência de | asymmetry, amoral |
| ab- | fora, longe de | abnormal |
| pseudo- | falso, imitação | pseudo-scientific |
| **Positivos** | | |
| re- | fazer novamente | reorganize, reuse, rebuild |
| over- | em excesso | overload |

## 2. Prefixos relativos a tamanho

| Prefixo | Significado | Exemplos |
|---------|-------------|----------|
| semi- | metade | semiconductor |
| equi- | igual | equidistant |
| mini- | pequeno | minicomputer |
| micro- | muito pequeno | microscope |
| macro- | grande | macrostructure |
| mega- | $10^6$ = um milhão | megabyte |
| giga- | $10^9$ = mil milhões | gigabyte |
| tera- | $10^{12}$ = um bilhão | terabyte |

## 3. Prefixos relativos à localização e gradação

| Prefixo | Significado | Exemplos |
|---------|-------------|----------|
| inter- | entre | interactive, intersection |
| super- | acima/maior | supersonic, supersequence |
| trans- | através | transmit, transfer |
| ex- (exo-) | fora | exclude, extrinsic |
| extra- | além de | extraordinary |
| sub- | inferior, posterior | subsurface, subsequently |
| infra- | abaixo | infra-red |
| peri- | em torno de | peripheral |
| mid- | meio, metade | midnight |
| out- | fazer melhor, ultrapassar | outcrop, outrun, outlive |
| ultra- | além de | ultra-modern, ultramarine |
| under- | muito pouco | underestimate, underprivileged |
| hyper- | excessivo | hyperactive, hypercritical |

## 4. Prefixos relativos a tempo e ordem

| Prefixo | Significado | Exemplos |
|---------|-------------|----------|
| ante- | } antes | antecedent |
| pre- | | pre-historic |
| fore- | frontal | forearc, foreland |
| prime- | primeiro | primary, primitive |
| post- | posterior | postdated |
| retro- | anterior | retroactive, retrospective |

## 5. Prefixos relativos a números

| Prefixo | Significado | Exemplos |
|---|---|---|
| semi-<br>hemi-<br>demi- } | metade | semicircle<br>hemisphere<br>demigod |
| mono-<br>uni- } | um | monoxide, monochromatic<br>unilateral |
| bi-<br>di- } | dois | binary, bilingual<br>dioxide, dichotomy |
| tri- | três | triangle, triplets, tricycle |
| quad- | quatro | quadruple |
| penta- | cinco | pentagon |
| hex- | seis | hexadecimal |
| sept(em)- | sete | September |
| oct- | oito | octagon, octagonal |
| dec- | dez | decimal |
| multi-<br>poly- } | muitos | multicolored, multilingual<br>polyglot, polygamy |

# 6. Outros prefixos

| Prefixo | Significado | Exemplos |
|---|---|---|
| in- | intensificar | increase |
| pro- | no lugar de | proform |
| | a favor de | prorevolutionary |
| | anterior | procephalic |
| | para fora | project, propagate |
| | para baixo | prostate |
| | para longe | prodigal |
| | seguir adiante | proceed, progress |
| | antecipar no tempo e no espaço | provide, protect |
| | em nome de | procure |
| | substituir | pronoun, pronominal |
| auto- | a si próprio | automatic |
| co- | } junto a | co-ordinate, cooperation |
| con- | | connect |
| proto- | primeiro, original | prototype |
| pan- | todos | pan-American countries |
| neo- | novo | neo-classicism |
| be- | tornar | bewitch, becalm |
| en- | } tornar, conferir | endanger, enslave |
| em- | | empower, embayment |

# EXERCÍCIOS

**A. Encontre no texto desta unidade palavras que apresentam prefixos. Circule-as e escreva seu significado.**

1. linha 2
2. linha 3
3. linha 20
4. linha 22
5. linha 32

**B. Leia as sentenças retiradas de textos anteriores e identifique palavras que apresentam prefixos.**

1. In the past these data were basically observational and subjective, but they are now increasingly physical and chemical, and therefore more objective. (Unit 1 – l. 4-5)

2. Detailed knowledge of the mineralogy of reservoirs enables estimates to be made of the rate at which they may lose porosity during burial (...) (Unit 1 – l. 16-18)

3. Modern petroleum exploration is unthinkable without the aid of magnetic, gravity, and seismic surveys in finding potential petroleum traps. (Unit 1 – l. 33-35)

4. Many basins are infilled with continental and shallow marine sediments. ( Unit 4 – 27)

5. Similarly, a distinction needs to be made between syndepositional and postdepositional basins. (Unit 4 – l. 29-30)

6. This is particularly characteristic of intracratonic basins. (Unit 4 – l. 34-35)

7. Structural traps may predate or postdate migration, and establishing the chronology correctly is essential. (Unit 4 – l. 39-40)

8. In a narrower sense basins may be subdivided into true basins; those that are subcircular in plan and those that are elongate (troughs). (Unit 4 – l. 65-66)

**C. Utilize os prefixos de-, dis-, in- e un- para formar o antônimo das palavras. Acrescente ou substitua, conforme o caso.**

1. complete      incomplete
2. important      _____
3. increase      _____
4. effectively      _____
5. concordant      _____
6. explored      _____

# 8

## BRAZIL'S PRESALT GEOLOGY

# 8

# BRAZIL'S PRESALT GEOLOGY

---

## *Formação de palavras – sufixos*

BEASLEY, C. et al. *Brazil's Presalt Play.* In Oilfield Review. Autumn 2010, 22, nº 3, p. 31-34. Schlumberger. Retrieved on March 12, 2011, from http://www.slb.com/resources/publications/oilfield_review/en/2010/or2010_aut.aspx. Copyright Schlumberger. Used with permission.

1    Brazil's presalt discoveries and a substantial portion of its postsalt fields are charged by hydrocarbons generated from lacustrine source rocks. These organic-rich lake deposits were formed through a series of events associated with the breakup of western Gondwana. The breakup took place during the EarIy
5    Cretaceous; moving clockwise at 2 to 5 cm/yr [0.8 to 2 in/yr]. It took nearly 40 million years – from EarIy Valanginian to Late Albian age – for South America to separate from Africa.

The breakup began with the rifting in the southernmost part of what is now South America. Two major mantle plumes – the St. Helena plume to the north
10   and the Tristan da Cunha plume to the south – contributed to weakening of the continental lithosphere (Figure 1). Thermal uplift and thinning of the continental crust resulted in tensional fractures that later became conduits for magma, forming igneous dikes. Hundreds of these dikes cut through what is now the southeastern coastline of Brazil, and their orientations are used to map an important triple
15   junction (Figure 2). The coastal dike swarms mark the northern and southern arms of a plume-generated triple junction system, centered on Brazil's Paraná State coast. These active arms helped to shape the present-day coastline, while the third arm, known as the Ponta Grossa Arch, failed and became the locus of basaltic activity.

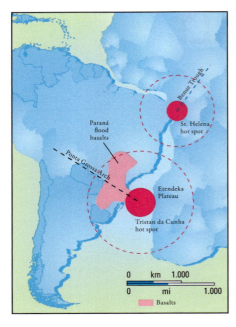
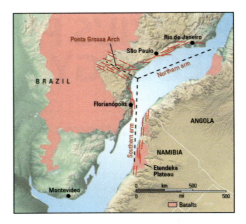

Figure 2 – Paraná triple junction. Correlations between dike swarms in Brazil and those in Angola and Namibia are used to map the Paraná triple junction. Basalts similar in composition to the flood basalts of the Ponta Grossa Arch are found along the Namibian coast near Etendeka.

Figure 1 – Hot spots in the southern Atlantic Ocean. Large-scale mantle plumes, presently located near the islands of Tristan da Cunha and St. Helena, played roles in weakening the crust during the initial stages of rifting between South America and Africa. The Tristan plume was responsible for the flood basalts of the Paraná basin. The St. Helena plume developed later and is associated with the aborted rift of the Benue Trough in Nigeria.

The extrusion of massive flood basalts into the onshore Paraná basin ensued, spreading from southern Brazil to Paraguay, Uruguay and northern Argentina, and covering an area of 1,200,000 km2 [463,320 mi2] (Figure 3). Stacking of different magma types suggests that the main locus of magmatism moved north over time, leading some researchers to conclude that the generation of the Paraná flood basalts is linked to the northward propagation of rifting in the South Atlantic.

As continental crust ruptured along the rifts, adjacent rifts linked together, forming a ridge transform boundary that heralded the separation of South America from Africa. This eventually created an opening for the nascent South Atlantic Ocean, as the protocontinents parted diachronously, starting at the south and moving northward. This zipper-like opening of the ocean would come to be reflected in thicker occurrences of salt in the southerly basins.

While thermal energy drove the uplift, rift and drift processes, it also set the stage for creation of the presalt basins. Thermal contraction resulted in collapse and subsidence of crustal domes, which produced gentle sags in the crust. The fill of carbonates and clastics in these sag basins drives the current oil boom.

Three rifting episodes occurred between the Berriasian to Early Aptian ages of the Early Cretaceous. Each episode resulted in a series of basins formed parallel to the plate margins near the present-day coastline. Initially formed above sea level, these basins became the sites of lakes as they were filled with fresh water. They were also filled with volcanic sediments and continental sediments – prime ingredients for hydrocarbon-generating source rocks.

As these lacustrine basins widened and subsided, ocean waters gradually encroached, and some lakes turned brackish because of increasing salinity. Conditions within these lakes led to high levels of organic productivity and became favorable for the preservation of organic material. Lacustrine sediments of this age form the principal source rock in much of Brazil.

Conditions in the rift-lake system were equally favorable for the deposition of reservoir rocks. Continental separation continued over time, as did episodes of seawater encroachment. The seawater intermittently filled the lakes, inundating low-lying regions of the slowly expanding rift valley. These conditions created a low-energy, high-salinity environment favorable to the growth of cyanobacterial colonies.

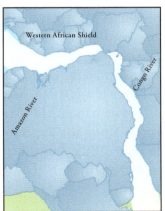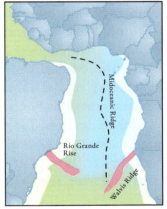

Figure 3 – From rift to drift. Salt basin development occurred gradually, as rifting between South America and West Africa gradually evolved into a full-fledged drift. About 150 million years ago, extensional faulting and subsidence were active in the Gondwanan supercontinent. Further stretching and extension during the Early Cretaceous led to the formation of large-scale rifts along the future western African and eastern Brazilian margins (left). By Aptian times, continued subsidence and a rise in global sea level permitted incursion by the sea (middle). At first, this was intermittent, with the sea alternately entering and evaporating from the basins, creating thick evaporite deposits. The area later became completely submerged as continental breakup of Gondwana led to a separation, or drift, of South America from Africa. Whereas the basins had previously been linked on one continental plate, they became separated by a growing expanse of ocean, as injection of new oceanic crust at the midoceanic ridge caused the Atlantic to open (right). Marine sedimentation dominated, with thick deposits of limestone, sandstone and shale.

The colonies of unicellular algae and other microbes produce exopolymers that are secreted as a biofilm. The biofilm traps and cements sedimentary grains into accretionary layers to form microbialite mats. Microbes in the upper part of the mat require sunlight for photosynthesis and spur upward growth into a laminar domal form known as a stromatolite. The distribution of these carbonate-producing microbes is affected by environmental factors such as sunlight, water temperature and turbidity, as well as predation by grazing organisms. These microbial growths lithify over time, later becoming reservoir rocks of the presalt play.

The marginal basins subsided as the continental plates continued to pull apart. Plume generated volcanic activity along crustal fractures of the Florianópolis Lineament on the South American tectonic plate, and the Walvis Ridge on the African plate, created barriers that restricted free marine circulation in the expanding South Atlantic Ocean.

During the Early Cretaceous, marine waters sporadically spilled past these barriers and became trapped in the subsiding basins. Under arid climatic conditions of the Aptian age, these trapped waters evaporated and left thick salt deposits in basins along the South American and African margins. The evaporite deposits covered sediments of the preceding rift sequence, forming an effective seal for the hydrocarbons that would ultimately migrate into the microbialite reservoir rock. The Aptian salt deposits mark the transitional evaporitic phase of continental margin evolution, which preceded the drift phase in these basins.

By the Middle to Late Cretaceous, rifting was complete, and the continents of Africa and South America drifted farther apart as new oceanic crust was injected at the midoceanic ridge. Open-marine carbonate platforms developed along the Brazilian margin and grew along the opposite margin between Gabon and Angola during the Albian age. With continued subsidence, these platforms were drowned and were eventually covered by clastics during the Late Cretaceous and Tertiary periods.

# COMPREENSÃO DO TEXTO

**A. Compreensão geral – Observe o layout do texto, faça uma leitura rápida, sem se preocupar com palavras desconhecidas, e responda:**

1. Qual a ideia geral do texto?

2. O que ilustram as figuras?

**B. Compreensão dos pontos principais – Numere o tópico frasal conforme a ordem do texto.**

( )  A ruptura de Gondwana começa com o rifteamento na parte sul da América do Sul.

( )  A energia termal, que provoca os processos de soerguimento, de rifte e drifte, também fornece a base para a criação das bacias de pré-sal.

( )  À medida que as bacias lacustres se alargam e sofrem subsidência, o mar avança gradualmente, e alguns lagos ficam salobros por causa do aumento da salinidade.

( )  As bacias marginais sofrem subsidência à medida que as placas continentais se separam.

( )  As colônias de algas unicelulares e outros micróbios produzem exopolímeros segregados como biofilmes.

( )  As condições do sistema rifte-lago são favoráveis para a formação de rochas-reservatório.

( )  Durante o Cretáceo Inferior, a água do mar ultrapassa esporadicamente as barreiras que restringem a circulação marinha e fica aprisionada nas bacias, que sofrem subsidência.

( )  Inicia-se a extrusão do derrame basáltico na bacia do Paraná.

( )  O rompimento da crosta ao longo dos riftes provoca a junção dos riftes adjacentes, formando um limite transformante que leva à separação da América do Sul da África.

( ) O sistema de rifte se completa entre o Cretáceo Médio e o Superior, e África e América do Sul afastam-se cada vez mais com a injeção da nova crosta na dorsal mesoceânica.

( ) Ocorrem três episódios de rifteamento entre o Berriasiano e o Aptiano, durante o Cretáceo Inferior.

( ) Os hidrocarbonetos do pré-sal e de grande parte do pós-sal são gerados em rochas lacustres.

## C. Compreensão detalhada – Relacione cada trecho ao respectivo parágrafo.

_____ Atividade vulcânica cria barreiras que limitam a livre circulação marinha no Atlântico Sul, que está em expansão.

_____ Condições climáticas áridas no Aptiano provocam a evaporação da água do mar aprisionada. Resultado: depósitos espessos de sal que cobrem os sedimentos da sequência rifte anterior. Formação de um selo eficiente para os hidrocarbonetos. Fase de transição evaporítica da evolução da margem continental, que precede a fase drifte (deriva) dessas bacias.

_____ Condições dos lagos proporcionam altos níveis de produtividade orgânica e favorecem a preservação do material orgânico.

_____ Contração termal provoca colapso e subsidência de domos na crosta, produzindo bacias sag com sedimentos clásticos e carbonáticos.

_____ Empilhamento de tipos diferentes de magma sugere que o foco principal da extrusão se moveu para o norte.

_____ Episódios de rifteamento provocam a formação de bacias paralelas à margem das placas continentais, preenchidas com água doce e sedimentos vulcânicos e continentais – ingredientes principais para a formação de rochas geradoras.

_____ Formação de camadas de microbiolitos. Crescimento de estromatólitos produtores de carbonatos. Litificação e transformação dessas camadas em rochas-reservatório do pré-sal.

_____ Inundação das regiões inferiores do rifte, o que cria um ambiente de baixa energia e alta salinidade, propício para o crescimento de colônias de cianobactérias.

_____ Plataformas carbonáticas marinhas se desenvolvem ao longo da margem brasileira e da margem oposta, entre Gabão e Angola, durante o Albiano. Processo contínuo de subsidência aumenta ainda mais a profundidade dessas plataformas, que são cobertas por sedimentos clásticos durante o Cretáceo Superior e o Terciário.

_____ Ruptura de Gondwana no Cretáceo Inferior.

_____ Soerguimento termal e adelgaçamento da crosta continental provocam fraturas de tensão que formam diques ígneos.

_____ Transgressão marinha que produz espessas camadas de sal, nas bacias mais ao sul.

## ESTRUTURAS LINGUÍSTICAS

**A. Noun Phrases – Escreva as seguintes frases nominais em português:**

1. Brazil's presalt discoveries (l. 1)

   _____

2. These organic-rich lake deposits (l. 2-3)

   _____

3. a plume-generated triple junction system (l. 16)

   _____

4. the northward propagation of rifting in the South Atlantic (l. 24-25)

   _____

**B. Referência Contextual – Indique o antecedente das palavras em itálico.**

1. *its* postsalt fields (l. 1) _____

2. *their* orientations are used (l. 14) _____

3. *that* heralded the separation of (l. 26) _____

4. *it* also set the stage (l. 32-33) _____

5. *which* produced gentle sags in the crust (l. 34)

_____

**C. Prefixos – Identifique no texto palavras formadas por prefixos:**

1. linha 1 _____

2. linha 14 _____

3. linha 29 _____

4. linha 43 _____

5. linha 52 _____

6. linhas 59 e 72 _____

7. linha 77 _____

## FORMAÇÃO DE PALAVRAS – SUFIXOS

Como vimos na unidade anterior, a língua inglesa emprega afixos (prefixos e sufixos) para formar novos vocábulos. Os sufixos formam substantivos, verbos, adjetivos e advérbios. Eles podem:

a. mudar a classe gramatical de uma palavra quando acrescentados a outra que já existe: o verbo *encourage* + sufixo *ment* transforma-se no substantivo *encouragement*. Em certos casos, ocorre alguma modificação na palavra primitiva: *destroy + tion = destruction*. Em outros, quando a palavra primitiva recebe vários sufixos: *nation + al + ize + ation = nationalization*, o último é o que determina sua classe gramatical, no caso, um substantivo;

b. estabelecer distinção entre classes gramaticais, sem nenhum acréscimo a uma palavra já existente: *distance* (substantivo), *distant* (adjetivo).

Observe as tabelas a seguir, que apresentam os sufixos que formam substantivos, adjetivos, verbos e advérbios, seguidos de exemplos.

**1. Os sufixos formam SUBSTANTIVOS com base em verbos, adjetivos, ou em outros substantivos para:**

1.1 indicar ação, estado, instituição, local de atividade, coletividade, comportamento:

| Sufixo | Exemplos |
| --- | --- |
| -age | coverage, drainage |
| -al | refusal, revival |
| -ance | performance, maintenance |
| -ant | lubricant, informant |
| -ence | independence, existence |
| -ment | measurement, accomplishment, arrangement, |
| -ion | completion, dehydration |
| -(e)ry | refinery, slavery, machinery |
| -sion | conclusion, inversion |
| -t | weight |
| -(a)tion | sedimentation, formation, exploration, organization |
| -ure | closure, exposure |

1.2 indicar agente, origem, local de residência:

| Sufixo | Exemplos |
| --- | --- |
| -ant/-ent | contestant, informant |
| -er, -or, -ee, -eer | driller, operator, trainee, auctioneer |
| -er | Southerner, New Yorker |
| -ist, -yst | geologist, physicist |
| -(i)an | technician, physician |
| -arian | librarian, utilitarian |

1.3 indicar estado, qualidade:

| Sufixo | Exemplos |
| --- | --- |
| -ity | electricity, stability |
| -ness | usefulness, thickness, dryness |
| -th | warmth, strength |

1.4 indicar ação, processo, condição, estado, doutrina, teoria, ponto de vista, domínio, derivado de composto químico específico, produto resultante de um processo, sal, éster, fóssil, mineral, rocha:

| Sufixo | Exemplos |
| --- | --- |
| -ate | carbonate, silicate, condensate |
| -dom | freedom, kingdom, boredom |
| -hood | childhood, parenthood |
| -ism | magnetism, idealism, imperialism, criticism, Christianism |
| -ite | calcite, stalagmite, graphite, trilobite, nitrite |
| -ship | relationship, partnership |
| -ocracy | democracy, meritocracy |

## 2. Sufixos que formam ADJETIVOS

| Sufixo | Exemplos |
| --- | --- |
| -(at)ory | exploratory |
| -(i)al | editorial, spacial, terrestrial |
| -able (-ible) | comparable, measurable, divisible |
| -ant/-ent | concordant, different |
| -ar | circular, spectacular |
| -ary/ery | sedimentary |
| -ate | fortunate |
| -ed | talented |
| -em | golden, wooden |

| Sufixo | Exemplos |
|---|---|
| -esque | picturesque |
| -ful | helpful, useful |
| -ic (-ical) | magnetic, volcanic, geologic, geological |
| -ish | yellowish, reddish, foolish, snobbish |
| -ist | masochist |
| -istic | characteristic |
| -ive | interactive, relative, productive |
| -less (without) | careless, useless |
| -like (similar) | childlike |
| -ous | dangerous, analogous, famous |
| -y | salty, sandy |

Observações:

- Em muitas palavras de origem latina, a primeira parte do adjetivo representa simplesmente um radical, e não uma palavra completa em inglês, por exemplo, *generous, native, peculiar, annual.*
- Alguns adjetivos têm a mesma forma que o verbo: *average, complete, empty, equal, open, welcome.*
- Existe controvérsia sobre o emprego de adjetivos que terminam em *-ic* ou *-ical*. Como nosso objetivo é apenas identificar os sufixos e a respectiva classe gramatical da palavra, essa diferença não é relevante.
- O sufixo *-en* é geralmente acrescentado a substantivos que se referem a material: *a woolen suit, a wooden chair.*
- Os sufixos *-ible* e *-able* podem apresentar alguma dificuldade. Em geral, o sufixo *-able* é acrescentado a uma palavra completa que já existe (enjoy – *enjoyable*; read – *readable*), e *-ible*, a uma palavra incompleta (*edible, possible, incredible*). A maior parte das palavras terminadas em *-ible* deriva de palavras latinas.

# 3. Sufixos que formam verbos para indicar ação e estado

| Sufixo | Exemplos |
|---|---|
| -ate | originate, correlate |
| -en | harden, widen, straighten |
| -ify | simplify, exemplify |
| -yze /-ize | analyze, realize |

# 4. Sufixos que formam advérbios para indicar modo e direção

| Sufixo | Exemplos |
|---|---|
| -ly | originally, geologically, chemically |
| | differently, continually, basically |
| -ward | onward, backward, southward |
| | northward, seaward, basinward |
| -wise | clockwise |

## Sufixo -ing

Em inglês, as palavras que terminam em *-ing* são formadas a partir de verbos e classificadas como *gerund* (não confundir com o gerúndio em português (-ando, -endo, -indo). Muitos linguistas não fazem distinção entre gerúndio e particípio e preferem classificar os vocábulos que terminam em *-ing* apenas como particípio presente. A forma *-ing* pode ser empregada como (1) substantivo, (2) adjetivo, (3) infinitivo, (4) parte de estrutura verbal e (5) preposição.

1. **Substantivo – quando precedido por outros determinantes (artigo, adjetivo, advérbio ou outro substantivo).**
   a. Physical **weathering** takes place by a variety of processes. (Unit 2 – l. 9)
   b. The overall effect of the **wearing** down of mountains and plateaus is to level the land – to reduce all land surfaces to sea level. (Unit 3 – l. 5-6)
   c. The split (…) resulted from thermal uplift and **rifting**. (Unit 7 – l. 2-3)

**2. Adjetivo (particípio presente) – quando se refere a um substantivo. Pode estar precedido por outros determinantes (artigo, numeral, pronome ou advérbio).**

a. When a mantle plume rises beneath a continental plate, it can also cause the **overlying** crust to swell. (Unit 7 – l. 16-17)
b. Two active rifts create a single **accreting** boundary where the plates begin to separate (…). (Unit 7 – l. 21-22)
c. As the plates continue to diverge, magma rises up to fill the **expanding** rifts. (Unit 7 – l. 26-27)

**3. Infinitivo – após determinados verbos, após uma preposição ou quando tem função de sujeito.**

a. They <u>started</u> **drilling** in the Santos Basin few years ago.
b. Some students have difficulties <u>in</u> **understanding** more complex concepts of stratigraphy.
c. **Learning** about the presalt play is important to understand the future economic changes in Baixada Santista.

**4. Parte de estrutura verbal – Particípio Presente – quando precedido do verbo *to be* nos tempos progressivos.**

a. I <u>am</u> **reading** about the presalt play in Santos Basin.
b. He <u>was</u> **writing** a report on recent oil discoveries in Brazil.
c. Scientists <u>have been</u> **studying** the tectonic foundations of the presalt play.

**5. Preposição: concerning, considering, during, excepting, excluding, including, pending, regarding, notwithstanding, entre outras.**

a. Sedimentary basins may or may not have been marked topographic basins **during** their history. (Unit 4 – l. 25-26)
b. Coastal erosion of rocky cliffs and sandy beaches results from the action of ocean waves and currents. This is especially severe **during** storms. (Unit 3 – l. 42-43)

c. Rich source rocks occur in many environments, including lakes, deep areas of the seas and oceans, and swamps. (Unit 6 – l. 19-20)

**EXERCÍCIO: Circule o sufixo e identifique a classe gramatical das palavras em negrito, conforme o contexto: substantivo (S), adjetivo (Adj.), verbo (V) ou advérbio (Adv.)**

1. The breakup took place during the Early Cretaceous; **moving** clockwise at 2 to 5 cm/yr. (l. 4-5)
2. Two major mantle plumes (...) contributed to **weakening** of the continental lithosphere. (l. 9-11)
3. **Thermal** uplift and **thinning** of the **continental** crust resulted in **tensional** fractures that (…) (l. 11-12)
4. This **eventually** created an **opening** for the nascent South Atlantic Ocean (…). (l. 28-29)
5. Three **rifting** episodes occurred between the Berriasian to Early Aptian ages of the Early Cretaceous. (l. 36-37)
6. They also were filled with **volcanic** sediments to continental sediments – prime ingredients for hydrocarbon-**generating** source rocks. (l. 40-41)
7. As these lacustrine basins widened and subsided, ocean waters gradually encroached, and some lakes turned **brackish** because of increasing **salinity**. (l. 42-43)
8. The biofilm traps and cements **sedimentary** grains into **accretionary** layers to form **microbialite** mats. (l. 53-54)
9. Microbes in the upper part of the mat (...) spur **upward** growth into a laminar **domal** form known as a **stromatolite**. (l. 54-56)
10. The **distribution** of these **carbonate-producing** microbes is affected by **environmental** factors such as sunlight, water temperature and **turbidity**, as well as **predation** by **grazing organisms**. (l. 56-59)

# 9

# EVOLUTION OF PETROLEUM EXPLORATION CONCEPTS AND TECHNIQUES

# 9

# EVOLUTION OF PETROLEUM EXPLORATION CONCEPTS AND TECHNIQUES

## *Tempos verbais – Passado Simples*

SELLEY, Richard C. Introduction (adapted). *Elements of Petroleum Geology.* London: Academic Press, 1998. p. 5-6.

1    The role of the geologist in petroleum exploration has become more and more skilled and demanding. In the early days oil was found by wandering about the countryside with a flame, optimism, and a sense of adventure. One major U.S. Company once employed a chief geologist whose exploration
5    philosophy was to drill on old Indian graves. Another oil explorer put on an old hat, galloped about the prairie until his hat dropped off, and started drilling where it landed. History records that he was very successful. It gradually occurred to the early drillers that oil was more often found by wells located on river bottoms than by those on the hills (Figure). The anticlinal
10   theory of oil entrapment, which explained this phenomenon, was expounded by Hunt (1861). Up to the present days the quest for anticlines has been one of the most successful exploration concepts.
        Experience soon proved, however, that oil could also occur off the structure. Carl (1880) noted that the oil-bearing marine sands of
15   Pennsylvania occurred in trends that reflected paleoshorelines. Thus was born the concept that oil could be trapped stratigraphically as well as structurally. Stratigraphic traps are caused by variations in deposition, erosion, or diagenesis within the reservoir.

Figure 1 – Creekology – the ease of finding oil in the old days.

Through the latter part of the nineteenth century and the early part of the twentieth, oil exploration was based on the surface mapping of anticlines. Stratigraphic traps were found accidentally by serendipity or by subsurface mapping and extrapolation of data [which were] gathered from wells [which were] drilled to test structural anomalies. Unconformities and disharmonic folding limited the depth to which surface mapping could be used to predict subsurface structure. The solution to this problem began to emerge in the mid-1920s, when seismic (refraction), gravity, and magnetic methods were all applied to petroleum exploration. Magnetic surveys seldom proved to be effective oil finders, whereas gravity and seismic methods proved to be effective in finding salt dome traps in the Gulf of Mexico. In the same period geophysical methods were also applied to borehole logging, with the first electric log run in France, in 1927. Further electric, sonic, and radioactive logging techniques followed. Aerial surveying began in the 1920s, but photogeology, which employs stereophotos, only became widely used after the Second World War. At this time aerial surveys were cheap enough to allow the rapid reconnaissance of large concessions, and photogeology was notably effective in the deserts of North Africa and the Middle East, where vegetation does not cover surface geology.

Pure geological exploration methods advanced slowly but steadily during the first half of the twentieth century. One of the main applications to oil exploration was the development of micropaleontology. The classic biostratigraphic zones, which are based on macrofossils such as ammonites, could not be identified in the subsurface because of the destructive effect of drilling. New zones had to be defined by microfossils, which were calibrated at the surface with macrofossil zones. The study of modern sedimentary environments in the late 1950s and early 1960s gave new insights into ancient sedimentary facies and their interpretation, and these insights provided improved prediction of the geometry and internal porosity and permeability variation of reservoirs.

The 1970s saw major advances on two fronts: geophysics and geochemistry. The advent of the computer resulted in a major quantum jump in seismic processing because vast amounts of data could be displayed on continuous seismic sections. Reflecting horizons could be picked out in bright colors, first by geophysicists and later even by geologists. As techniques improved, seismic lines became more and more like geological cross-sections, until stratigraphic and environmental concepts were directly applicable.

In the 1980s increasing computing power led to the development of 3D seismic surveys that enabled seismic sections of the Earth's crust to be displayed in any orientation, including horizontal. Thus it is now possible to image directly the geometry of many petroleum reservoirs. Similarly enhanced processing methods made it possible to detect directly the presence of oil and gas, these improvements happened along with enhanced borehole logging. It is now possible to produce logs of the mineralogy, porosity, and pore fluids of boreholes, together with images of the geological strata that they penetrate.

In the dawning of the millennium, one can only speculate on what new advances in petroleum exploration technology will be discovered. All techniques may be expected to improve. Remote sensing from satellites may be one major new tool, as might direct sensing from surface geochemical or geophysical methods. These latter methods generally involve the identification of gas microseeps and fluctuations in electrical conductivity of rocks above petroleum accumulations

# COMPREENSÃO DO TEXTO

**A. Compreensão geral – Observe o layout do texto, faça uma leitura rápida, sem se preocupar com palavras desconhecidas, e responda:**

1. Qual a ideia geral do texto?

2. Que teoria aplicada à exploração de petróleo ilustra a figura?

**B. Compreensão dos pontos principais – Empregando apenas palavras--chave, relacione os conceitos e métodos de exploração mencionados.**

1. Início da exploração

2. Final do séc. XIX – início do séc. XX

3. 1ª metade do séc. XX

4. Período pós-Segunda Guerra Mundial

5. Final da década de 1950 – início da década de 1960

6. Década de 1970

7. Década de 1980

8. Início do séc. XXI

## C. Compreensão detalhada – Responda:

1. Que fenômeno explica a teoria anticlinal?

2. Como surgiu o conceito de que as trapas estratigráficas são armadilhas de petróleo? Como eram encontradas?

3. O que limitava o uso do mapeamento de superfície para prever a estrutura da subsuperfície? Qual a solução para esse problema?

4. Qual a eficácia dos métodos que surgiram na década de 1920?

5. Para que foram empregados os métodos geofísicos, o mapeamento aéreo e a fotogeologia nesse mesmo período?

6. Por que a micropaleontologia foi uma das principais aplicações para a exploração de petróleo?

7. O que proporcionou o estudo de ambientes sedimentares modernos no final da década de 1950 – início da década de 1960?

8. Qual o resultado do advento do computador? Por quê?

9. Qual o resultado dos avanços nos métodos de processamento e de perfilagem?

10. Qual a aplicação dos dois últimos métodos mencionados?

## ESTRUTURAS LINGUÍSTICAS

**A. Verdadeiro (V) ou Falso (F)? Corrija as alternativas falsas.**
1.  (   ) *his* (l. 6) refere-se a *chief geologist* (l. 4).
2.  (   ) *that* (l. 15) refere-se a *trends*.
3.  (   ) *in the same period* (l. 29) refere-se a *the mid-1920s* (l. 25-26).
4.  (   ) *which* (l. 33) refere-se a *aerial surveying* (l. 32).
5.  (   ) a estrutura *could not be identified* (l. 42) contém um verbo modal que expressa certeza.
6.  (   ) a estrutura *will be discovered* (l. 65) contém um verbo modal e refere-se ao futuro.
7.  (   ) a estrutura verbal da frase *which are based on macrofossils* (l. 41) está na voz passiva.
8.  (   ) *however* (l. 13) e *thus* (l. 15) expressam, respectivamente, a ideia de conclusão e contraste.
9.  (   ) a expressão *as well as* (l. 16) pode ser substituída por *and*, pois ambas indicam a ideia de adição.
10. (   ) a conjunção *whereas* (l. 28) é um sinônimo de *but*, pois ambas expressam a ideia de contraste.

**B. Comparação – Sublinhe as expressões que apresentam comparação e classifique-as: equivalência, não equivalência, superlativo, proporção ou intensificação.**

1. The role of the geologist in petroleum exploration has become more and more skilled and demanding. (l. 1-2)
2. It gradually occurred to the early drillers that oil was more often found by wells located on river bottoms than by those on the hills. (l. 7-9)
3. Up to the present days the quest for anticlines has been one of the most successful exploration concepts. (l. 11-12)
4. As techniques improved, seismic lines became more and more like geological cross-sections, until stratigraphic and environmental concepts were directly applicable. (l. 52-54)
5. Thus it is now possible to image directly the geometry of many petroleum reservoirs. Similarly enhanced processing methods made it possible to detect directly the presence of oil and gas, these improvements happened along with enhanced borehole logging. (l. 57-61)

**C. Formação de palavras – Identifique as palavras que apresentam prefixos e/ou sufixos e, em seguida, complete o quadro conforme a classe gramatical de cada uma. Escreva outra(s) palavra(s) da mesma família. (observe como exemplo o item nº 1).**

1. The **anti**clinal theory of oil **en**trap**ment** (...) was expounded by Hunt (1861). (l. 9-11)
2. Thus was born the concept that oil could be trapped stratigraphically as well as structurally. (l. 15-17)
3. Unconformities and disharmonic folding limited the depth to which surface mapping could be used to predict subsurface structure. (l. 23-25)
4. Pure geological exploration methods advanced slowly but steadily during the first half of the twentieth century. (l. 38-39)
5. In the 1980s increasing computing power led to the development of 3D seismic surveys that enabled seismic sections of the Earth's crust to be displayed in any orientation, including horizontal. (l. 55-57)

| VERBO | SUBSTANTIVO | ADJETIVO | ADVÉRBIO |
|---|---|---|---|
| x x x | anticline | anticlinal | x x x |
| | | | |
| | | | |
| | | | |
| | | | |
| | | | |

## TEMPOS VERBAIS – PASSADO SIMPLES

O Passado Simples é empregado para descrever ações, eventos, hábitos etc., em um momento específico. Como já estudamos na Unidade 4, em inglês, existem verbos **regulares** e **irregulares**. Os verbos **regulares** recebem o acréscimo de *-ed* ou *-d*, por exemplo: *work – worked*. Os verbos **irregulares** apresentam formas distintas: *find – found – found, begin – began – begun.* (O Apêndice II apresenta uma lista de verbos irregulares que aparecem nos textos utilizados neste livro.) A forma do Passado Simples e do Particípio Passado, tanto nos verbos regulares quanto nos irregulares, não apresenta variações; ou seja, é a mesma para todas as pessoas (exceto no verbo *to be*).

Na Unidade 2, estudamos a formação do verbo *to be* no Presente Simples. Veja agora as formas no Passado Simples e no Particípio Passado.

| PRESENTE | PASSADO | PARTICÍPIO PASSADO |
|---|---|---|
| I am | I was | been |
| You are | You were | |
| He is | He was | |
| She is | She was | |
| It is | It was | |
| We are | We were | |
| You are | You were | |
| They are | They were | |

**Observe o emprego de verbos regulares, irregulares e do verbo *to be* no passado, no primeiro parágrafo do texto desta unidade:**

1. One major U.S. Company once **employed** a chief geologist whose exploration philosophy **was** to drill on old Indian graves. (l. 4-5)
2. Another oil explorer **put** on an old hat, **galloped** about the prairie until his hat **dropped** off, and **started** drilling where it **landed**. (l. 5-7)
3. History records that he **was** very successful. (l. 7)
4. It gradually **occurred** to the early drillers that oil was more often found by wells [which were] located on river bottoms than by those on the hills. (l. 7-9)
5. The anticlinal theory of oil entrapment, which **explained** this phenomenon, was expounded by Hunt (1861). (l. 9-11)

## PASSADO SIMPLES – VOZ PASSIVA

Quando estudamos a voz passiva, na unidade 4, vimos que ela indica que o sujeito sofre a ação e que é formada pelo verbo *to be* + Particípio Passado. Portanto, no passado, a Voz Passiva é construída com o emprego de *was/were* + Particípio Passado. Observe os exemplos:

1. In the early days oil **was found** by wandering about the countryside with a flame, optimism, and a sense of adventure. (l. 2-3)
2. It gradually occurred to the early drillers that oil **was** more often **found** by wells [which **were**] **located** on river bottoms than by those on the hills. (l. 7-9)
3. The anticlinal theory of oil entrapment, which explained this phenomenon, **was expounded** by Hunt (1861). (l. 9-11)
4. Through the latter part of the nineteenth century and the early part of the twentieth, oil exploration **was based** on the surface mapping of anticlines. (l. 19-20)
5. Stratigraphic traps **were found** accidentally by serendipity or by subsurface mapping and extrapolation of data [which **were**] **gathered** from wells [which **were**] **drilled** to test structural anomalies. (l. 21-24)

Observe que nos exemplos 2 e 5 o autor omite o pronome relativo e o verbo auxiliar, da mesma forma que o fazemos na língua portuguesa, por exemplo, na frase: "O petróleo [que foi] **encontrado** na *Bacia de Santos é de boa qualidade*", ocorre a omissão do pronome relativo <u>que</u> e do verbo auxiliar <u>foi</u>. Esse tipo de construção, em geral, faz com que identifiquemos <u>todas</u> as formas verbais terminadas em *-ed* como Passado Simples, quando, na verdade, formam a voz passiva, sendo, portanto, Particípio Passado.

## EXERCÍCIOS

**A. Sublinhe a estrutura verbal no Passado Simples e identifique: Voz Ativa ou Voz Passiva.**

1. Unconformities and disharmonic folding limited the depth to which surface mapping could be used to predict subsurface structure. (l. 23-25)
2. The solution to this problem began to emerge in the mid-1920s, when seismic (refraction), gravity, and magnetic methods were all applied to petroleum exploration. (l. 25-27)
3. Magnetic surveys seldom proved to be effective oil finders (…). (l. 27-28)
4. In the same period geophysical methods were also applied to borehole logging (…). (l. 29-30)
5. Further electric, sonic, and radioactive logging techniques followed. (l. 31-32)

**B. Retire do texto outros exemplos de estruturas verbais no Passado Simples, na Voz Ativa e na Voz Passiva (indique a linha).**

| LINHA | VOZ ATIVA | LINHA | VOZ PASSIVA |
|-------|-----------|-------|-------------|
|       |           |       |             |
|       |           |       |             |
|       |           |       |             |
|       |           |       |             |

## O SUFIXO -ED

Vimos que o sufixo *-ed* forma o Passado Simples e o Particípio Passado de verbos regulares. O Particípio Passado, além de ser empregado na Voz Passiva e nos tempos perfeitos, também pode ter a função de adjetivo em uma frase nominal, pois precede e determina um substantivo.

Observe os exemplos:

1. (…) these insights provided **improved prediction** of the geometry and internal porosity and permeability variation of reservoirs. (l. 46-47)
2. Similarly **enhanced processing methods** made it possible to detect directly the presence of oil and gas, these improvements happened along with **enhanced borehole logging.** (l. 58-61)
3. This magma rises from the deep in a mantle plume that creates **localized hot spots** as it conducts heat upward. (determinante de hot spots) (Unit 7 – l. 12-14)
4. The **failed arm** often becomes a locus of volcanism or other magmatic activity. (Unit 7 – l. 23-24)
5. The **stretched crust** begins to sag as cooling causes it to contract and become denser. (Unit 7 – l. 29-30)

**EXERCÍCIO: Classifique as estruturas em negrito: verbo ou adjetivo.**

1. Geology itself is based on chemistry, physics, and biology, involving the application of essentially abstract concepts to **observed** data. (Unit 1 – l. 2-4)
2. **Detailed** knowledge of the mineralogical composition of rocks is important at many levels. (Unit 1 – l. 11-12)
3. Joints are regularly **spaced** fractures or cracks in rocks that show no offset across the fracture. (Unit 2 – l. 10-11)
4. Many rocks and minerals **are formed** under conditions present deep within the Earth. (Unit 2 – l. 21-22)
5. This distinction between topographic and sedimentary basins needs further elaboration. Both types of basin have a **depressed** basement. (Unit 4 – l. 24-25)

6. Hydrocarbons **may be trapped** in many different ways. (Unit 5 – l. 1)

7. Two major genetic groups of traps **are** generally **agreed** on: structural and stratigraphic. (Unit 5 – l. 5-6)

8. Structural traps are those whose geometry **was formed** by tectonic processes (…). (Unit 5 – l. 13-15)

# 10

## METHODS OF EXPLORATION THE SEISMIC METHOD

# 10

# METHODS OF EXPLORATION THE SEISMIC METHOD

## *Sequência temporal*

PETTY, O. Scott. *Oil Exploration* (adapted). Retrieved on May 25th, 2007, from Handbook of Texas Online, http://www.tsha.utexas.edu/handbook/online/articles/OO/doo15.html. Used by permission of the Texas State Historical Association.

1     The central physical property upon which seismic prospecting is established is the variation in speed of the transmission of elastic Earth waves or sound waves through different geological structures [which are] measured by time. There are two principal seismic methods: refraction and reflection. Refraction consists of
5     elastic Earth waves traveling down to a dense or high velocity bed, then being carried along that bed until they are rerefracted up to seismic detectors on the surface. What is recorded is the time required for the sound wave to reach each detector location from the shot point. The speed of transmission of the waves through different geological structures is proportional to the density of the
10     formation. Unconsolidated formations such as sands and shales transmit waves with a low velocity, weak sandstones and limestones with higher speeds, and massive crystalline rocks like limestones, rock salt, schists, and various igneous rocks with very high speeds.

    During World War I, a German scientist, Ludger Mintrop, invented a
15     portable seismograph to locate Allied artillery positions. By setting up three seismographs opposite Allied guns, triangulations could be made to the gun's firing position with adjustments in calculations for the variation of sound waves traveling through different types of geological formations. After the War,

Mintrop reversed the process: by measuring the distance from an explosion to the seismograph, he could estimate subsurface geological formations based on the time it took the elastic Earth wave to travel from the shot point, through a formation, to seismic detectors located about two miles distant (3,2 km).

The refraction method aided petroleum explorers in locating salt domes that transmitted elastic Earth waves at high speed. Because of difficulty in determining breaks in the velocity of sound waves between different layers along the Gulf Coast, it was difficult to determine the depth of the layers. The maximum effective depth of refraction surveying was 2,500 feet (750 m). Then a fan pattern of deploying seismographs from the shot point was adopted and responsible for the success of the refraction method in finding salt domes. The first seismic discovery of a salt dome along the Texas coast using the refraction method was the Orchard dome in Fort Bend County, Texas, in 1924. This may have been the first seismic discovery of a salt dome that produced oil in the world.

The reflection method of seismic exploration is based on the echo of sound waves off layers of varying density rock, which are reflected at a high angle back to the surface. Experiments with the seismic reflection method began in 1926 and by 1929 it was employed commercially throughout West Texas and the Gulf Coast. In 1931 the reverse profile method of reflection shooting was invented and implemented. Now most seismologists, instead of using dynamite to make shock waves, use a machine called a thumper to produce elastic shock waves.

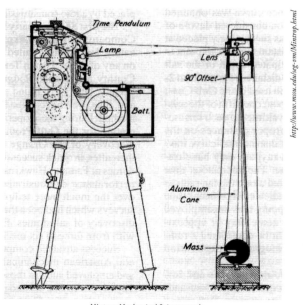

Mintrop Mechanical Seismograph
Fonte: http://www.mssu.edu/seg-vm/Mintrop.html

# COMPREENSÃO DO TEXTO

**A. Compreensão geral e dos pontos principais.**

1. Que métodos sísmicos são descritos?

2. Que evento histórico é mencionado? Qual sua relação com os estudos sísmicos?

**B. Compreensão detalhada.**

1. Em que consiste a sísmica de refração? O que é registrado?

2. Que tipos de onda são transmitidos pelos diferentes tipos de formação?

3. De que maneira Ludger Mintrop realizava a triangulação?

4. Após a Guerra, como e para que foi revertido o processo?

5. De que modo o método da refração contribuiu para a exploração de petróleo? Por que era difícil determinar a profundidade das camadas?

6. Que padrão adotado determinou o sucesso do método da refração para encontrar domos salinos?

7. Em que se baseia o método da sísmica de reflexão?

8. Quando foram realizados os primeiros experimentos com a sísmica de reflexão?

9. O que é empregado atualmente para gerar ondas de choque?

# ESTRUTURAS LINGUÍSTICAS

## A. REFERÊNCIA CONTEXTUAL – Qual o antecedente das palavras abaixo?

1. upon which (l. 1) _____
2. they (l. 6) _____
3. he (l. 20) _____
4. that (l. 24) _____
5. which (l. 34) _____

## B. TEMPOS VERBAIS – Sublinhe e classifique as estruturas verbais:

1 – Presente Simples/Voz Ativa
2 – Presente Simples/Voz Passiva
3 – Passado Simples/Voz Ativa
4 – Passado Simples/Voz Passiva
5 – Verbo Modal

(         ) The central physical property upon which seismic prospecting is established is the variation in speed of the transmission of elastic Earth waves or sound waves through different geological structures [which are] measured by time.

(         ) During World War I, a German scientist, Ludger Mintrop, invented a portable seismograph to locate Allied artillery positions.

(         ) After the War, Mintrop reversed the process: by measuring the distance from an explosion to the seismograph, he could estimate subsurface geological formations [which was] based on the time it took the elastic Earth wave to travel from the shot point, through a formation, to seismic detectors [which were] located about two miles distant (3,2 km).

# UPSTREAM – Inglês Instrumental – Petróleo e Gás

**C. SUFIXOS -ED/-ING – Observe o emprego dos sufixos *-ed* e *-ing* nas construções a seguir e classifique: substantivo, adjetivo ou verbo.**

1. Refraction consists of elastic Earth waves traveling down to a dense or high velocity bed, then being carried along that bed until they are rerefracted up to seismic detectors on the surface. (l. 4-7)
2. Unconsolidated formations such as sands and shales transmit waves with a low velocity, (…). (l. 10-11)
3. By setting up three seismographs opposite Allied guns, triangulations could be made to the gun's firing position with adjustments in calculations for (…). (l. 15-17)
4. The maximum effective depth of refraction surveying was 2,500 feet (750 m). (l. 26-27)
5. Then a fan pattern of deploying seismographs from the shot point was adopted and responsible for the success of the refraction method in finding salt domes. (l. 27-29)

## SEQUÊNCIA TEMPORAL

Em atividades como organização de horários, atividades de rotina, condução e descrição de experimentos, é importante reconhecer a sequência de eventos, pois eles não ocorrem isoladamente, ocorrem antes, durante ou depois de outros. As tabelas a seguir apresentam expressões que fazem essa relação.

### A. Referência anterior

| | | | |
|---|---|---|---|
| (long) ago | earlier | originally | so far |
| already | first | preceding | until now / then |
| before | former | previous | up to now / then |
| before that | formerly | previously | yet |
| before then | in the beginning | prior | |

**EXEMPLOS:**

1. The way in which oil exploration shifted the emphasis from the use of macrofossils to microfossils for zonation has **already** been noted. (Unit 1 – l. 40-42)
2. **Before** acquiring acreage in a new area, and long **before** attempting to locate (…). (Unit 4 – l. 8-9)
3. The final group, combination traps, is formed by a combination of two or more of the **previously** defined genetic processes. (Unit 5 – l. 46-47)

## B. Referência simultânea

| | | | |
|---|---|---|---|
| at present | at this point | in the meantime | simultaneous(ly) |
| at that time | contemporary | meantime | today |
| at the moment | during | meanwhile | when (= while) |
| at the same time | for the time being | now | while |

**EXEMPLOS:**

1. In the past these data were basically observational and subjective, but they are **now** increasingly physical and chemical, and therefore more objective. (Unit 1 – l. 4-5)
2. Biology, and especially biochemistry, is important in studying the transformation of plant and animal tissues into kerogen **during** burial, and the generation of oil or gas that may be caused by this transformation. (Unit 1 – l. 46-48)
3. Most sedimentary basins indicate that subsidence and deposition took place **simultaneously**. (Unit 4 – l. 30-31)

## C. Referência posterior

| | | | |
|---|---|---|---|
| after | by the time | next | soon |
| after that | eventually | then | when (= after) |
| afterwards | following | once | |
| by the end | later | since | |

## EXEMPLOS:

1. Structural traps are those whose geometry was formed by tectonic processes **after** the deposition of the beds involved. (Unit 5 – l. 13-16)
2. With continued subsidence, these platforms were drowned and were **eventually** covered by clastics during the Late Cretaceous and Tertiary periods. (Unit 8 – l. 79-81)
3. Thermal uplift and thinning of the continental crust resulted in tensional fractures that **later** became conduits for magma, forming igneous dikes. (Unit 8 – l. 11-13)

**EXERCÍCIO – Encontre no texto expressões que indicam sequência temporal e classifique-as: anterior, simultânea e posterior.**

linha 5 _____

linha 6 _____

linha 14 _____

linha 18 _____

linha 38 _____

# 11

## SEISMIC INTERPRETATION

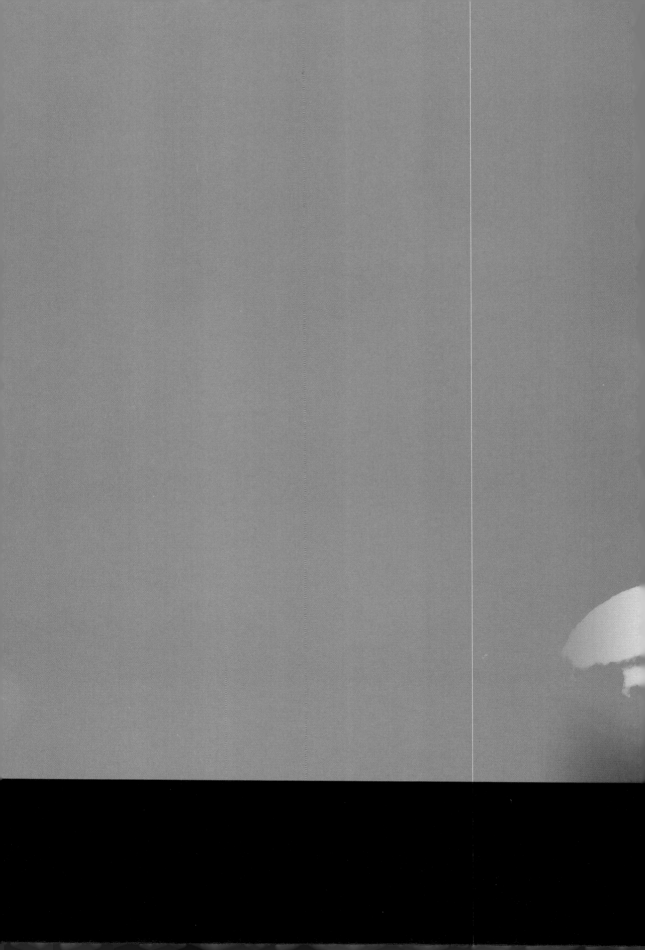

# 11

# SEISMIC INTERPRETATION

## *Exemplificação*

GADALLAH, Mamdouh R. and FISHER, Ray. *Seismic Interpretation*. In Exploration Geophysics. Springer Berlin Heidelberg, 2009. Chapter 6, p. 149, 216-218.

1    Seismic interpretation provides an assessment of a prospect's hydrocarbon potential and, if favorable, identifies best locations for drilling wells. Interpretation should make use of all techniques available: Vertical seismic sections (usually migrated), Horizontal seismic sections, Velocity models, Well logs, VSP data,
5    Amplitude versus offset (AVO) analyses, Geochemical analyses, and other information obtained from previous drilling **such as** the presence of high pressure zones in the subsurface. We discuss the following techniques used in seismic interpretation: Modeling, Tomography, AVO, and VSP interpretation.

## Modeling

Synthetic seismograms are a form of one dimensional modeling, and
10   generating a synthetic seismogram is a kind of forward modeling. Properties of rock strata (velocity and density, **for example**) are used to generate spike traces that are convolved with a reflection wavelet to form a seismic trace. By varying the thickness, replacing, or eliminating some of the geological units used to generate synthetic seismograms an interpreter can see the effect of a
15   change in a geological section and look for similarities in recorded data.

Two-dimensional models assist analysis of geologic interpretations. They can be used to evaluate observed anomalies **like** bright spots and dim spots. Two-dimensional models also help solve interpretational problems, **for instance**, near-surface formation irregularities and velocity pull-ups. Additionally, they can help in designing both field parameters and data processing sequences.

The greatest advantage of modeling may be its application to investigate seismic distortions and their effect on the real subsurface image.

Modeling is an excellent tool in educating the explorationist in ways that will help upgrade data interpretation. Synthetic seismograms and two-dimensional models can be generated on desktop computers. The advances in computer hardware and software allow these very important interpretational tools to be generated and manipulated quickly and easily. Cost of a modeling package varies, depending on the hardware configuration and software sophistication, but is small compared to the value added to seismic interpretation.

## Tomography

There are two methods of tomography being used, reflection and transmission. Reflection (travel time) tomography is used to estimate velocities from seismic reflection times. These velocities can be applied to seismic imaging, **including** depth conversion and pre-stack depth migration.

Two types of transmission tomography are in use: borehole-to-borehole or borehole-to-surface. In the borehole-to-borehole type, a source is placed in one borehole and a receiver in the other. Energy sources can be lowered into one hole and receivers into surrounding wells, allowing velocities to be measured and mapped between wells. These velocities can then be related to the reservoir properties of porosity, permeability, and fluid content. Maps of these properties between wells can be used to account for vertical and horizontal changes in these parameters. Engineers and geologists can use this information to understand more about the heterogeneity of the reservoir rock and more accurately describe reservoir characteristics.

The combination of tomography and borehole measurements can be the key to success in improving hydrocarbon recovery methods and enhanced oil-recovery projects. This approach requires integration of geophysical, geological and engineering methods. Hence it needs the efforts and effective communications of all disciplines involved.

# AVO (Amplitude versus Offset)

AVO analysis, in which changes of amplitude with the angle of incidence are analyzed, is widely used as a hydrocarbon indicator. Common midpoint (CMP) gathers, corrected for NMO, but before stacking, are used for the analysis. AVO analysis is two-dimensional compared to stacked traces, which are one-dimensional. AVO techniques can be used to delineate look-alike features, to define depositional environments, delineate reefs, and identify gas sands, to name few applications.

A long spread is desirable in the field data acquisition so that the far traces (long distances from the source) can be more readily investigated for changes of the amplitude with offset. How long the spread should be depends on target depth, velocity in the area, structure, and maximum frequency to be recorded. Spread length can be determined by field tests or based on the contractor's experience in the area. Seismic modeling could help decide on spread length.

Data used to investigate the variation of amplitude with offset require a special data processing sequence. Only those processes that preserve the relative true amplitude of the seismic traces within the CMP are to be used.

AVO analysis is used to identify the rock lithology and its fluids and/or gas content. The rock properties in a nearby field, velocity information, and stratigraphy should be known in order to perform a reasonable AVO interpretation.

Data processing should be closely monitored, and CMP gathers closely examined for amplitude changes. Thorough investigations should make use of displays **such as** partial stacks and ratio sections. Analysis and interpretation of amplitude changes should be complemented with modeling that incorporates geological, geophysical, and petrophysical information.

Many AVO processing packages are available. Data can be manipulated to analyze a variation of one variable, e.g. Poisson's ratio, gradient, and others. Cost of producing an AVO analysis is minimal. They may be included in the basic processing sequence.

# VSP Interpretation

Vertical seismic profiling (VSP) has proved its value in applications to petroleum exploration and development. A VSP was very expensive a few years ago, but now it is much cheaper. The turnaround time is a few days, but it can be done overnight in case of emergency. The survey is done routinely as any logging tool. In a vertical survey eight to ten levels per hour can be surveyed. In land surveys, perhaps six to eight levels per hour can be taken because it takes more time to inject the energy source. In offshore surveys, it may take more time, four to five levels per hour.

A VSP survey provides the geophysicist with seismic velocity, seismic time to geological depth conversion, and the next seismic marker. It provides the geologist with well prognosis. It will tell the engineer the location of the drilling bit or at what depth he can expect a high-pressure zone. If he can predict the high-pressure zone ahead of time, he can take action to head off problems. With minimal rig idle time, the survey is definitely more economical than a blowout. The VSP will play an important role in borehole geophysics, reservoir characteristics, and transmission tomography.

## COMPREENSÃO DO TEXTO

**A. Compreensão geral e dos pontos principais.**

1. Qual a finalidade da interpretação sísmica?

2. Que métodos são discutidos no texto?

**B. Compreensão detalhada – Relacione os aspectos principais da aplicação das técnicas empregadas na interpretação sísmica.**

1. Modelagem sísmica:
   a. sismograma em uma dimensão

b. sismograma em duas dimensões

2. Tomografia
   a. de reflexão

   b. de transmissão

3. Análise AVO

4. Interpretação do perfil sísmico vertical

# ESTRUTURAS LINGUÍSTICAS

**A. Verdadeiro (V) ou falso (F)? Corrija as alternativas falsas.**

1. (     ) *they* (l. 16-19) refere-se a *two-dimensional models* (l. 16).
2. (     ) *these properties* (l. 40-41) refere-se a *porosity, permeability, and fluid content*.
3. (     ) os marcadores *also* (l. 18) e *both ... and* (l. 20) expressam ideia de contraste.
4. (     ) a palavra *hence* (l. 48) pode ser substituída por *thus*, pois ambas expressam ideia de conclusão.
5. (     ) a estrutura *the greatest advantage* (l. 21) indica equivalência.
6. (     ) a estrutura *it is much cheaper* (l. 80) indica não equivalência (comparativo de superioridade).
7. (     ) a palavra *previous* (l. 6) indica sequência temporal anterior.
8. (     ) a palavra *then* (l. 39) indica sequência temporal simultânea.

**B. Sufixos *-ed* e *-ing* – Classifique as estruturas em negrito: verbo, substantivo ou adjetivo.**

1. Synthetic seismograms are a form of one dimensional **modeling,** and **generating** a synthetic seismogram is a kind of forward **modeling**. (l. 9-10)
2. They can be **used** to evaluate **observed** anomalies like bright spots and dim spots. (l. 16-17)
3. Additionally, they can help in **designing** both field parameters and data **processing** sequences. (l. 19-20)
4. Energy sources can be **lowered** into one hole and receivers into **surrounding** wells, **allowing** velocities to be measured and mapped between wells. (l. 37-39)
5. The combination of tomography and borehole measurements can be the key to success in **improving** hydrocarbon recovery methods and **enhanced** oil-recovery projects. (l. 45-47)

# EXPRESSÕES QUE INTRODUZEM EXEMPLOS

Quando o objetivo principal de um texto é informar sobre determinado assunto, geralmente, empregam-se exemplos para explicar determinado aspecto ou para ilustrar uma ideia. Ao apresentar exemplos, é importante diferenciar entre a ideia e sua ilustração/exemplificação. Algumas expressões empregadas para introduzir exemplos são:

| | | |
|---|---|---|
| for example | like | exemplified by |
| e.g. (exempli gratia) | including | illustrated by |
| for instance | examples of | seen in |
| an example (of this) | instances of | shows / shown by |
| as an example | cases of | exemplifies |
| such as | illustrations of | illustrates |

**EXEMPLOS:**

1. In the early stages of exploration, certain general conclusions as to the distribution and quality of potential reservoirs can be made from their gross lithology. **For example**, the porosity of sandstones tends to be facies related, whereas in carbonate rocks this is generally not so. (Unit 1 – l. 12-16)

   a. Expressão que introduz o exemplo: for example.
   b. Exemplo: a porosidade dos arenitos tende a ser relacionada às fácies, o que geralmente não acontece com as rochas carbonáticas.
   c. Ideia exemplificada: é possível estabelecer conclusões gerais com relação à distribuição e qualidade de reservatórios potenciais com base em sua litologia.

2. The lithological variations may be depositional (e.g., channels, reefs, and bars) or postdepositional (e.g., truncations and diagenetic changes). (Unit 5 – l. 40-43)

   a. Expressão que introduz o exemplo: e.g.
   b. Exemplo: canais, recifes e barreiras; truncamentos e mudanças diagenéticas.
   c. Ideia exemplificada: variações deposicionais; variações após a deposição.

3. A good petroleum source rock is a sedimentary rock **like** shale or limestone that contains between 1% and 5% organic carbon. (Unit 6 – l. 18)

   a. Expressão que introduz o exemplo: like.
   b. Exemplo: folhelho ou arenito.
   c. Ideia exemplificada: rochas sedimentares que são boas rochas geradoras.

4. Rich source rocks occur in many environments, **including** lakes, deep areas of the seas and oceans, and swamps. (Unit 6 – l. 19-20)

   a. Expressão que introduz o exemplo: including.
   b. Exemplo: lagos, áreas profundas de mares e oceanos, pântanos.
   c. Ideia exemplificada: ambientes variados onde é possível encontrar rochas geradoras ricas em petróleo.

## EXERCÍCIO: OBSERVE NO TEXTO AS EXPRESSÕES (EM NEGRITO) QUE INTRODUZEM EXEMPLOS E COMPLETE:

**linha 6**

Expressão que introduz o exemplo: _____

Exemplo: _____

_____

Ideia exemplificada: _____

_____

## linha 11
Expressão que introduz o exemplo: _____
Exemplo: _____

Ideia exemplificada: _____

## linha 17
Expressão que introduz o exemplo: _____
Exemplo: _____

Ideia exemplificada: _____

## linha 18
Expressão que introduz o exemplo: _____
Exemplo: _____

Ideia exemplificada: _____

## linha 33
Expressão que introduz o exemplo: _____
Exemplo: _____

Ideia exemplificada: _____

## linha 71
Expressão que introduz o exemplo: _____
Exemplo: _____

Ideia exemplificada: _____

# 12

## MARINE MAGNETOTELLURIC MAPPING IN THE SANTOS BASIN, BRAZIL

# 12

# MARINE MAGNETOTELLURIC MAPPING IN THE SANTOS BASIN, BRAZIL

## *Tempos verbais – Present Perfect*

FONTES, S. L. et al. *First Application of Marine Magnetotellurics improves depth imaging in the Santos Basin – Brazil* (adapted). Retrieved on September 27, 2011, from: http://www.slb.com/~/media/Files/westerngeco/resources/papers/2008/2008_eage_2.ashx.

## Introduction

The deep water basins offshore Brazil are the site of giant oil and gas discoveries. Modern seismic interpretation has mapped, through high resolution imaging, the stratigraphy of hydrocarbon producing turbidite reservoirs, posted correct geometries of salt structures and uncovered, under the salt, the structures of the underlying syn-rift sequences that encompass most oil bearing source rocks. Offshore, in the eastern and northern coasts of Brazil, seismic data targets the discovery of new reservoirs in deep water and their relationship with rift sequences source rocks (Fainstein, 2005). Seismic depth imaging has identified a thick pre-salt sedimentary sequence above the syn-rift mega sequence. The lithology of the syn-rift mega sequence, however, was not known until the first discovery well of the Tupi field was drilled (Fainstein, 2007). The Santos Basin, block BMS-11, was the site of the subsalt oil discovery by Petrobras with exploration well 1-RJS-628A at 2,140 m water depth and reached TVD of 6,000 m surpassing an evaporitic salt sequence more than 2,000 m thick.

These recent discoveries have provided the motivation for improved depth imaging subsalt and basement depth in the Santos Basin. Recently, significant step changes in technology have shown the value of electromagnetic methods for hydrocarbon exploration in the marine environment (Constable et al., 1998).

The objectives of the Santos Basin survey were to develop and apply for the first time in the Brazilian offshore a joint data acquisition, processing/interpretation workflow including MMT, seismic and other data to improve depth imaging in the basin and reduce uncertainties [which are] related to basement depth estimation and then tackle subsalt depth imaging.

## The Santos Basin MMT Survey

The lay-out of the Santos Basin survey is shown in Figure 1. The MMT data were acquired along three (3) lines covering 256 km. These lines were located north of the Mexilhão gas field and over blocks which have been recently licensed from the National Petroleum Agency (ANP).

The MMT data were acquired using state-of-the-art sea bottom receivers developed and owned by WesternGeco Electromagnetics with site spacing of approximately 2-4 km. Data were obtained at 96 sites and along one main line approximately 148 km long and two adjacent lines approximately 54 km long.

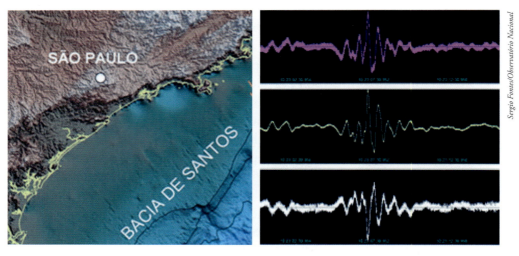

Figure 1 – Location of survey area.

Figure 2 – Example of high quality time series data from site L24_46.

The data were recorded following acquisition strategies developed and checked against previous surveys carried out in many offshore areas around the world to cover a frequency range from approx. 10 Hz to 0.0003 Hz. Data

# Marine Magnetotelluric Mapping in the Santos Basin, Brazil 149

qualities were very good throughout most of the survey. The wave noise which affected the receivers deployed in shallow water depths was mitigated by remote reference processing (Figure 2). The data were then interpreted using an advanced multi-dimensional depth imaging workflow.

Figure 3 shows the effect of increasing water thickness on data high frequency range. The TE - TM-modes split indicate the complex resistivity structure. Data for site L24_56 show the response of a resistive salt body which is clearly imaged in the seismic section.

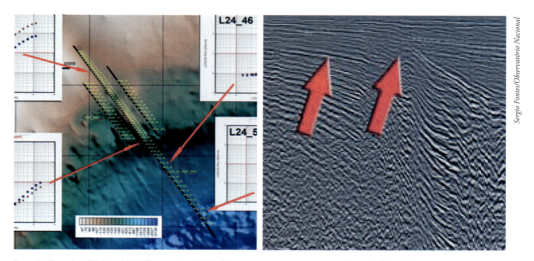

Figure 3 – Examples of high quality MMT apparent resistivity data showing the major variations in data character by geology and water depth in the Santos Basin.

Figure 4 – Seismic data.

We are progressing toward the integration of the interpreted MMT data into the seismic depth imaging workflow, integrating wells, and other available data. The MMT model will be used to focus poorly defined seismic geometry prior to depth migration and consequently reduce the cost and time which are required to complete the depth imaging cycle while increasing resolution and interpretation fidelity.

Interpretation based on seismic (Figure 4) is illustrated in Figure 5. We show that uncertainties in the seismic interpretation can be resolved by the MMT depth imaging, particularly in the region where the top of basement reflections are ambiguous (Figure 6).

## Conclusions

This paper presents the first MMT survey which has been acquired offshore Brazil in order to develop an industrial workflow that incorporates electromagnetic in the integrated geophysical toolbox to improve depth imaging in the Santos Basin.

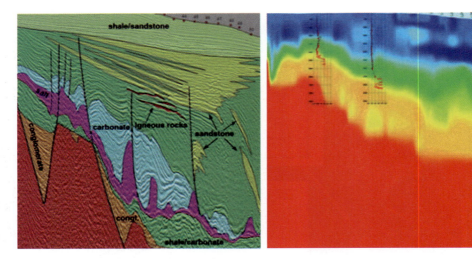

Figure 5 – Seismic-based interpretation showing the MMT site locations

Figure 6 – Resistivity depth image. MMT depth imaging infers a shallower basement at shallower water depths.

The project has demonstrated the feasibility of economically developing a reliable image of subsurface resistivity that can be used to improve depth interpretation by reducing uncertainties in basement depth estimation.

The data have been used to develop novel integrated interpretation technologies and determine whether the workflow used for this project could be improved upon or more efficient approaches are feasible.

## COMPREENSÃO DO TEXTO

**A. Compreensão geral – Faça uma leitura rápida do texto e responda:**

1. Qual o assunto do texto? O que você sabe sobre esse assunto?

2. Onde foi realizada a pesquisa?

3. Quais empresas são mencionadas?

**B. Compreensão detalhada**

1. Que estruturas geológicas foram identificadas por meio dos métodos sísmicos?

2. Indique a que se referem os itens abaixo:

   a. BMS-11

   b. 1-RJS-628A

   c. 2,140

   d. 6,000

   e. 2,000

3. Quais os objetivos da pesquisa?

4. Como foi realizada a coleta dos dados?

5. Como foi diminuído o ruído que afetava os receptores instalados em águas profundas?

6. O que apresenta a Figura 3?

7. Para que será empregado o método MMT?

8. Quais as conclusões obtidas com relação ao emprego do método MMT?

# ESTRUTURAS LINGUÍSTICAS

## A. Noun Phrases – Escreva em português.

1. a joint data acquisition, processing/interpretation workflow (l. 20-21)

2. the effect of increasing water thickness (l. 39)

3. poorly defined seismic geometry (l. 45)

4. depth imaging in the Santos Basin (l. 55-56)

## B. Verdadeiro (V) ou falso (F)? Corrija as alternativas falsas.

1. (     ) *that* (l. 5) refere-se a *syn-rift sequences*.
2. (     ) *which* (l. 41) refere-se a *salt body*.
3. (     ) *then* (l. 23) indica sequência temporal anterior.
4. (     )a expressão *prior to* (l. 46) pode ser substituída por *before*.
5. (     )*while* (l. 47) indica sequência temporal posterior.

## C. Sufixos *-ed* e *-ing* – Classifique as palavras que apresentam o sufixo *-ed* ou *-ing*: verbo (V), adjetivo (A) ou substantivo (S).

Modern seismic interpretation has mapped, through high resolution imaging, the stratigraphy of hydrocarbon producing turbidite reservoirs, posted correct geometries of salt structures and uncovered, under the salt, the structures of the underlying syn-rift sequences that encompass most oil bearing source rocks.

**D. Exemplificação – O que exemplifica cada uma das figuras que acompanha o texto?**

Figura 1 _____

Figura 2 _____

Figura 3 _____

Figura 4 _____

Figura 5 _____

Figura 6 _____

**E. Tempos Verbais – Retire do texto dois exemplos de cada estrutura verbal.**

1. Presente (ativa) _____

2. Presente (passiva) _____

3. Passado (ativa) _____

4. Passado (passiva) _____

4. Modal (passiva) _____

## TEMPOS VERBAIS – PRESENT PERFECT TENSE

O "Present Perfect", formado pelo verbo **have**, que tem função de auxiliar, e pelo **particípio passado** do verbo principal, é empregado para expressar aspectos variados:

1. Indicar que um evento teve início no passado e continua até o momento presente.
   Scientists **have studied** oil formation for a long time.

2. Relatar um evento do passado sem especificar precisamente quando ocorreu.
   Explorers **have found** giant oil fields offshore Brazil.

3. Relatar um evento que ocorreu recentemente.
   The presalt play in Santos Basin **has gained** international attention.

4. Indicar o período de duração de um evento.
   Lula field, originally called Tupi, **has produced** since May, 2009.

5. Indicar que um evento ocorreu uma ou mais vezes até o momento presente.
   Oil companies **have faced** many challenges related to deepwater exploration and production.

## O Present Perfect apresenta Voz Passiva:

1. The way in which oil exploration shifted the emphasis from the use of macrofossils to microfossils for zonation, **has** already **been noted**. (Unit 1 – l. 40-42)
2. Now that basins **have been considered** in time and profile, they may be viewed in plan. (Unit 4 – l. 62-63)
3. Levorsen (1967) states that a structural trap is "one whose upper boundary **has been made** concave, as viewed from below, by some local deformation, such as folding, or faulting, or both, of the reservoir rock". (Unit 5 – l. 16-21)

## O Present Perfect pode ser precedido de verbo modal:

1. The source rock **must have been exposed** to the appropriate temperature and pressure conditions over long periods of time to change the organic matter to petroleum. (Unit 6 – l. 65-67)
2. This **may have been** the first seismic discovery of a salt dome that produced oil in the world. (Unit 10 – l. 31-32)

## EXERCÍCIOS

### A. Sublinhe o "Present Perfect" e indique se está na Voz Ativa (VA) ou na Voz Passiva (VP).

1. Erosion transports rocky material after the process of weathering has transformed bedrock down into fragments or particles. (Unit 3 – l. 2-4)

2. A sedimentary basin is an area on the Earth's surface where sediments have accumulated to a greater thickness than they have in adjacent areas. (Unit 4 – l. 12-13)

3. Many studies have shown that a depocenter may migrate across a basin. The topographic center of the basin need not necessarily move with it. Examples of this phenomenon have been documented from Gabon, the Maranhão basin of Brazil, and Iraq. (Unit 4 - l. 49-57)

4. Several schemes have been drawn up to attempt to classify traps. (Unit 5 – l. 1-2)

5. A second group of traps is caused by diapirs in areas where salt or mud have moved upward and domed the overlying strata, causing many individual types of trap. (Unit 5 – l. 29-33)

6. To find these features together in an area in which petroleum has been generated by chemical reactions affecting organic remains requires many coincidences of timing of natural processes. (Unit 6 – l. 6-9)

7. An important aspect of the formation of petroleum accumulations is timing. The reservoir must have been deposited prior to petroleum migrating from the source rock to the reservoir rock. (Unit 6 – l. 61-63)

8. These processes set up a geologic framework that dates back some 150 million years, in which rapid events may have taken 2 to 3 million years and local occurrences may have spread over 1,000 km (620 mi) or greater, thus demanding a big picture perspective. (Unit 7 – l. 5-8)

9. The role of the geologist in petroleum exploration has become more and more skilled and demanding. (Unit 9 – l. 1-2)

10. Vertical seismic profiling (VSP) has proved its value in applications to petroleum exploration and development. (Unit 11 – l. 78-79)

**B. Retire do texto exemplos de "Present Perfect" na Voz Ativa e na Voz Passiva.**

# 13

## METHODS OF OIL EXPLORATION: ROTARY DRILLING

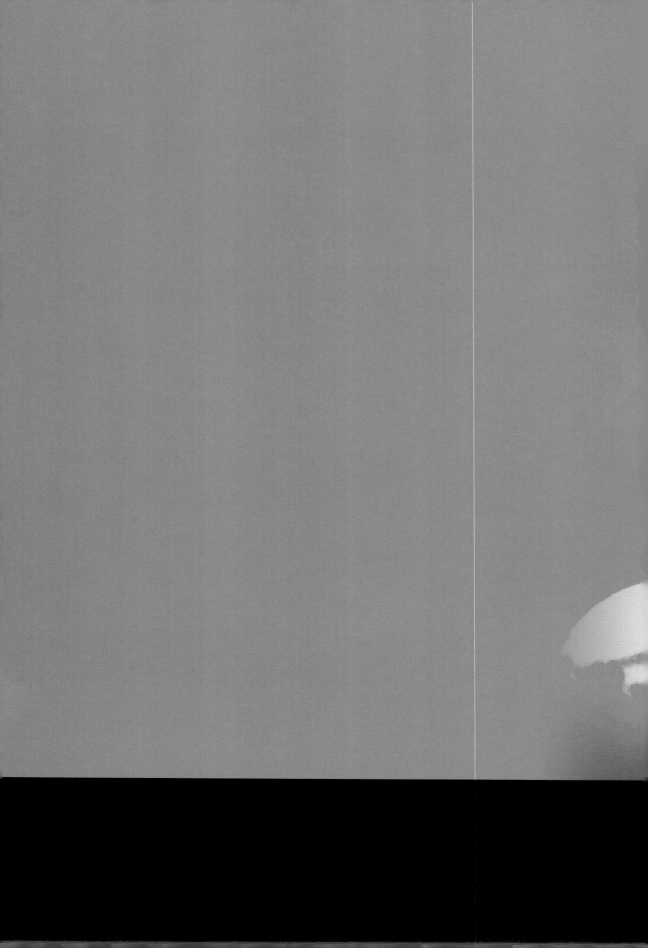

# 13

# METHODS OF OIL EXPLORATION: ROTARY DRILLING

## *Enumeração*

SELLEY, Richard C. Methods of Exploration. *Elements of Petroleum Geology*. London: Academic Press, 1998. p. 39-44.

1      Because of the greater safety and depth penetration of rotary drilling, it has largely superseded the cable-tool method for deep drilling in the oil industry (Fig. 1). In this technique the bit is rotated at the end of a hollow steel tube called the drill string. Many types of bit are used, but the most

5     common consists of three rotating cones set with teeth. The bit is rotated and the teeth gouge or chip away the rock at the bottom of the borehole. Simultaneously, mud or water is pumped down the drill string, squirting out through nozzles in the bit and flowing up to the surface between the drill string and the wall of the hole. This circulation of the drilling

10    mud has many functions: it removes the rock cuttings from the bit; it removes cavings from the borehole wall; it keeps the bit cool; and, most importantly, it keeps the hole safe. The hydrostatic pressure of the mud generally prevents fluid from moving into the hole, and if the bit penetrates a formation with a high-pore pressure, the weight of the mud may prevent

15    a gusher. A gusher can also be prevented by sealing the well head with a series of valves termed the blowout preventers (BOPs).

     As the bit deepens the hole, new joints of drill pipe are screwed on to the drill string at the surface. The last length of drill pipe is screwed to a

1. Derrick
2. Drawworks
3. Rotary table
4. Kelly
5. Flexible hose
6. Rotary swivel
7. Travelling block
8. Crown block
9. Cellar
10. Blowout preventer
11. Vibrating screen
12. Mud tank
13. Mud manifolds
14. Mud pumps
15. Pipe rack
16. Power unit

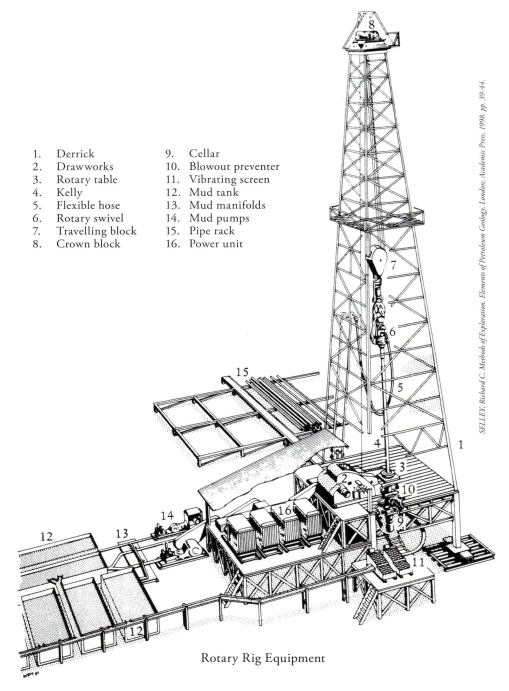

Rotary Rig Equipment

Figure 1 - Simplified sketch of an onshore derrick for rotary drilling. (Courtesy of British Petroleum.)

square-section steel member called the kelly, which is suspended vertically in the kelly bushing, a square hole in the center of the rotary table. Thus rotation of the table by the rig motors imparts a rotary movement down the drill string to the bit at the bottom of the hole. As the hole deepens, the kelly slide down through the rotary table until it is time to attach another length of drill pipe. When the bit is worn out, which depends on the type of bit and the hardness of the rock, the drill pipe is drawn out of the hole and stacked in the derrick. When the bit is brought to the surface, it is removed and a new one is fitted.

After drilling for some depth, the borehole is lined with steel casing, and cement is set between the casing and the borehole wall. Drilling may then recommence with a narrower gauge of bit. The diameters of bits and casing are internationally standardized. Depending on the final depth of the hole, several diameters of bit will be used with the appropriate casing (Fig. 2). The average depth of an oil well is between 1 to 3 km, but depths of up to 11.5 km can be penetrated.

When drilling into a reservoir, an ordinary bit may be removed and replaced by a core barrel. A core barrel is a hollow steel tube with teeth, commonly diamonds, at the downhole end. As the core barrel rotates, it cuts a cylinder of rock and descends over it as the hole deepens. When the core barrel is withdrawn to the surface, the core of rock is retained in the core barrel by upward-pointing steel springs. Coring is slower than drilling with an ordinary bit and is thus more expensive. It is only used sparingly in hydrocarbon exploration to collect large, intact rock samples for geological and engineering information.

Geologists are involved to varying degrees in drilling wells. In routine oil field development wells, where the depth and characteristics of the reservoir are already well known, they may not be present at the well site, although they will monitor the progress of the well from the office. On an offshore wildcat well, however, there may be five or more geologists. The oil company for whom the well is being drilled will have one of their own well site geologists on board. His or her duties include advising both the driller and the operational headquarters on the formations, fluids, and pressures to be anticipated; picking casing and coring points; deciding when to run wireline logs; supervising logging and interpreting the end result; and, most importantly, identifying and evaluating hydrocarbon shows in the well.

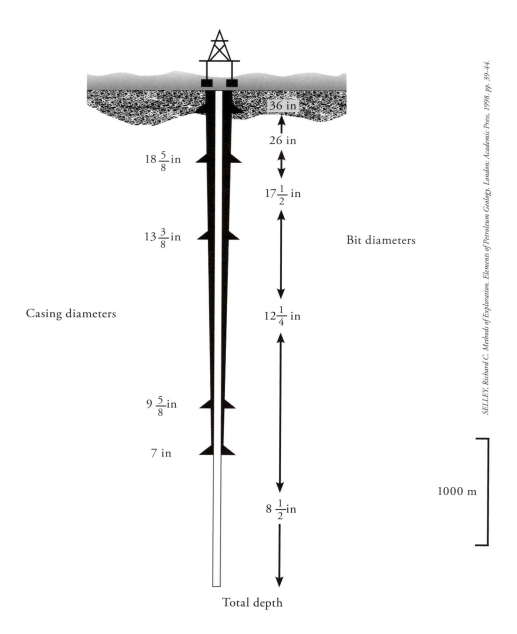

Figure 2 – The casing and bit diameters of a typical well.

The other geologists are mudloggers, working in pairs on 12-hr shifts. The mudlogging company is contracted by the oil company to carry out a complex and continuous evaluation of the well as it is drilled. This evaluation is done from a mudlogging unit, which is a cabin or caravan trailer packed with computers and electronic monitors. The mudloggers record many drilling variables, including the rate of penetration, mud temperature, pore pressure, and shale density. Gas chromatographs monitor the presence of hydrocarbon gases in the mud. Samples of the well cuttings are collected at specified depth intervals, checked with ultraviolet light and other tests for the presence of oil, and also are identified, and described. These data are continuously plotted on a mud-log. Nowadays, however, it is also possible to run a series of geophysical logs while the well is actually being drilled, and the sondes is being lowered inside the drill pipe. MWD (measurement while drilling) is an important aspect of formation evaluation, providing early warnings of rock type, hydrocarbon saturation, and potentially perilous zones of high pressure.

## COMPREENSÃO DO TEXTO

**A. Compreensão geral – Faça uma leitura rápida do texto e responda:**

1. O que exemplificam as figuras?

2. Relacione alguns equipamentos mencionados no texto.

3. Quais profissionais são mencionados?

## B. Compreensão detalhada.

1. Por que a perfuração rotativa substituiu a perfuração a cabo?

2. Como é a técnica de perfuração rotativa?

3. Qual a função do fluido de perfuração?

4. O que a pressão hidrostática da lama de perfuração evita?

5. Qual a função dos sistemas de segurança (BOP)?

6. Qual a função da haste giratória?

7. Que processo é realizado após a perfuração de um poço até certa profundidade?

8. Qual a definição de trado?

9. Qual a finalidade da coleta de testemunhos?

10. Quais as funções do geólogo durante a perfuração?

11. Que variáveis são analisadas à medida que o poço é perfurado?

12. Por que a medição durante a perfuração (MWD) é um aspecto importante na avaliação da formação?

## ESTRUTURAS LINGUÍSTICAS

**A. Classifique os tempos verbais em negrito:**

1. Because of the greater safety and depth penetration of rotary drilling, it **has** largely **superseded** the cable-tool method for deep drilling in the oil industry. (l. 1-3)
2. When the bit **is worn out** (...) the drill pipe **is drawn** out of the hole and **stacked** in the derrick. When the bit **is brought** to the surface, it **is removed** and a new one **is fitted**. (l. 24-27)
3. (…) an ordinary bit **may be removed** and **replaced** by a core barrel. (l. 35-36)

**B. Sufixos -*ed* e -*ing*: substantivo (S), adjetivo (A) ou verbo (V)? Classifique as palavras destacadas:**

1. A gusher can also be prevented by **sealing** the well head with a series of valves **termed** the blowout preventers (BOPs). (l. 15-16)
2. After **drilling** for some depth, the borehole is lined with steel **casing** (…). (l. 28)
3. Samples of the well **cuttings** are **collected** at **specified** depth intervals (…). (l. 62-63)

**C. Referência Contextual – Qual o antecedente das palavras/expressões seguintes?**

1. In this technique (l. 3) _____
2. it (l. 10, 11, 12) _____
3. they (l. 46-47) _____
4. which (l. 58) _____

**D. Marcadores de transição – Qual a ideia expressa pelas palavras em negrito?**

1. Many types of bit are used, **but** the most common consists of three rotating cones set with teeth. (l. 4-5)
2. Simultaneously, mud **or** water is pumped down the drill string, squirting out through nozzles in the bit and flowing up to the surface between the drill string and the wall of the hole. (l. 7-9)
3. A gusher can **also** be prevented by sealing the well head with a series of valves termed the blowout preventers (BOPs). (l. 15-16)
4. The last length of drill pipe is screwed to a square-section steel member called the kelly, which is suspended vertically in the kelly bushing, a square hole in the center of the rotary table. **Thus** rotation of the table by the rig motors imparts a rotary movement down the drill string to the bit at the bottom of the hole. (l. 18-22)
5. On an offshore wildcat well, **however**, there may be five or more geologists. (l. 48)

## ENUMERAÇÃO

Quando lemos, é importante reconhecer e compreender a relação através das quais as frases se combinam, pois podem estar ligadas por um marcador de transição. Ao fazermos uma lista, enumerarmos, apresentarmos instruções, estamos especificando certo número de itens relacionados a um contexto específico. Os itens enumerados podem aparecer em sequência ou compor um todo, como no caso do texto da unidade 5 – Classification of Traps. Observe que, nesse texto, o autor enumera os diferentes tipos de trapa que aprisionam os hidrocarbonetos, como mostra a tabela de classificação de trapas. No desenvolvimento do texto, o autor relaciona e explica cada um deles. Uma enumeração também pode simplesmente ser introduzida por meio de pontuação, geralmente, dois-pontos (:), como também pode não haver nenhuma palavra para introduzi-la.

Os marcadores mais comumente usados para designar a ordem de itens, ações ou eventos são:

| | |
|---|---|
| 1, 2, 3... | Lastly, finally, to conclude |
| One, two, three... | To begin with/start with |
| First(ly), second(ly), third... | First and foremost |
| In the first place... | First and most important(ly) |
| Another, next, then, after that | Above all |
| Furthermore, afterwards, moreover | Last, but not least |

**EXEMPLOS:**

1. Geologists recognize two categories of weathering processes: physical weathering – which disintegrates rocks and minerals by a physical or mechanical process and chemical weathering – which chemically alters or decomposes rocks and minerals. (Unit 2 – l. 2-6)

   a. A enumeração é introduzida por meio de pontuação (dois-pontos).
   b. Número de itens: dois (intemperismos químico e físico).
   c. A enumeração refere-se a categorias de intemperismo reconhecidas pelos geólogos.

2. Four main issues control the occurrence and distribution of oil and gas. **First**, there must be a source rock containing sufficient organic matter so that when it is heated and/or placed under pressure (maturation), hydrocarbons are generated. **Second**, a reservoir rock unit that acts as a storage device for the hydrocarbons that migrate from the source rock. **Third**, there must be a barrier to prevent fluid migration. Generally this mechanism (seal) consists of rocks that are impermeable to fluid

flow. **Finally**, there must be a trapping mechanism to produce a zone where fluids naturally accumulate.

a. A enumeração é introduzida por meio dos marcadores: first, second, third, finally.
b. Número de itens: quatro (rocha geradora, rocha-reservatório, rocha selante e trapa).
c. A enumeração refere-se aos aspectos que controlam a ocorrência e distribuição de petróleo e gás.

## EXERCÍCIOS – Identifique os aspectos das seguintes enumerações:

1. Primeiro parágrafo.

    a. O que introduz a enumeração, marcadores ou pontuação?

    b. Quantos itens são relacionados? _____

    c. A que se refere? _____

2. Quinto parágrafo.

    a. O que introduz a enumeração? _____

    b. Quantos itens são relacionados? _____

    c. A que se referem? _____

3. Último parágrafo, linhas 59-61.

    a. O que introduz a enumeração? _____

    b. Quantos itens são relacionados? _____

    c. A que se referem? _____

4. Último parágrafo, linhas 62-64.

    a. O que introduz a enumeração? _____

    b. Quantos itens são relacionados? _____

    c. A que se referem? _____


5. Último parágrafo, linhas 63-70.

    a. O que introduz a enumeração? _____

    b. Quantos itens são relacionados? _____

    c. A que se referem? _____


6. O que enumeram os textos:

    a. da Unidade 3? _____

    b. da Unidade 11? _____

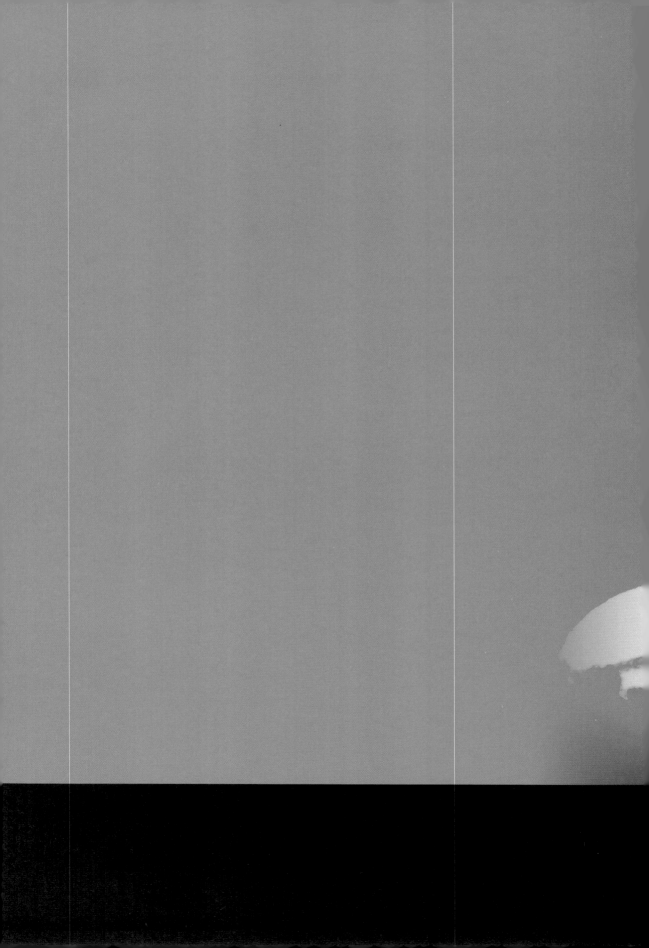

# 14

## TYPES OF DRILLING UNITS

# 14

# TYPES OF DRILLING UNITS

## *Marcadores de transição II*

SELLEY, Richard C. *Elements of Petroleum Geology*. London: Academic Press, 1998. p. 44-47.

1   The derrick for rotary drilling may be used on land or at sea. On land, prefabricated rigs are used; they can be transported by skidding, by vehicle, or, in the case of light rigs, by helicopter. Once a well has been drilled, the derrick is dismantled and moved to the next location, whether the well is productive or

5   barren of hydrocarbons (colloquially termed a dry hole or cluster). Thus modern oil fields are not marked by a forest of derricks as shown in old photographs and films.

   In offshore drilling the derrick can be mounted in various ways. For sheltered inland waterways it may be rigged on a flat-bottomed barge. This technique

10   has been employed, for example, in the bayous of the Mississippi delta for more than 60 years. In water depths of up to about 100 m, jack-up rigs are used. In jack-up rigs the derrick is mounted on a flat-bottomed barge fitted with legs that can be raised or lowered. When the rig is to be moved, the legs are raised (i.e., the barge is lowered) until the barge is floating. Some barges are self-

15   propelled, but the majority is moved by tugs. On reaching the new location the legs are lowered, thus raising the barge clear of all but the highest waves.

   Submersible units are platforms mounted on hollow caissons, which can be flooded with seawater. The platform supports can be sunk onto the seabed,

leaving a sufficient clearance between the sea surface and the underside of the
platform. Like jack-ups, submersible rigs are only suitable for shallow water. For
deeper waters drill ships or semisubmersible units are used. On drill ships the
derrick is mounted amidships and the ship kept on location either by anchors
or by a specially designed system of propellers that automatically keeps the ship
in the same position regardless of wind, waves, and currents.

Semisubmersibles are floating platforms having three or more floodable
caisson legs. With the aid of anchors and judicious flooding of the legs, the
unit can be stabilized, although still floating, with the rotary table 30 m or so
above the sea. Some semisubmersibles are self-propelled, but the majority is
towed by tugs from one location to another. In shallow water arctic conditions,
where there is extensive pack ice, drill ships, jack-ups, and semisubmersibles are
unsuitable. In very shallow water, artificial islands are made from gravel and
ice. Monopod rigs are also used, which, as their name implies, balance on one
leg around which the pack ice can move with minimum obstruction.

## COMPREENSÃO DO TEXTO

**A. Compreensão geral – Faça uma leitura rápida do texto e responda:**

1. Que tipo de plataforma é utilizada:

a. em áreas protegidas? _____

b. até 100 m de profundidade? _____

c. em águas rasas? _____

d. em águas profundas? _____

e. em águas rasas no Ártico? _____

**B. Compreensão detalhada.**

1. Como são transportadas as torres de perfuração?

_____

_____

_____

2. Como pode ser montada a torre na perfuração offshore?

3. Como é montada/desmontada a torre nas plataformas autoelevatórias (jack-up)?

4. Descreva:
   a. plataforma submersível

   b. navio de perfuração

   c. plataforma semissubmersível

# ESTRUTURAS LINGUÍSTICAS

**A. Referência contextual – Qual o antecedente das palavras/expressões abaixo?**

1. they (l. 2)
2. it (l. 9)
3. which (l. 17)
4. where (l. 30)

**B. Classifique as estruturas verbais:**

The derrick for rotary drilling (a) **may be used** on land or at sea. On land, prefabricated rigs (b) **are used**; (...). Once a well (c) **has been drilled**, the derrick (d) **is dismantled** and **moved** to the next location, whether the well (e) **is** productive or barren of hydrocarbons.

a. _____

b. _____

c. _____

d. _____

e. _____

**C. Comparações – Identifique e classifique duas estruturas comparativas nas linhas 20 e 21.**

a. linha 20 _____

b. linha 21 _____

**D. Marcadores de transição – Que ideia expressam as seguintes palavras?**

1. whether ... or (l. 4) _____
2. thus (l. 5) _____
3. but (l. 28) _____
4. also (l. 32) _____

# MARCADORES DE TRANSIÇÃO II

No exercício anterior, você classificou alguns tipos de marcador de transição já estudados na unidade 5. Entretanto, várias outras palavras e expressões introduzem ideias como: causa, comparação, concessão, condição, contraste/oposição (que não é total), exceção, tempo, modo, lugar, proporção, finalidade, resultado. Veja a tabela a seguir:

## CAUSE (causa)

| | |
|---|---|
| as (= because) | porque, como |
| as a result of | como resultado de |
| as long as | desde que, já que |
| because | porque, como (= já que) |
| because of | por causa de, devido a |
| due to | devido a |
| in view of the fact that | em virtude do fato de |
| inasmuch as | visto que, porque, pois |
| on the ground(s) of (= because) | porque |
| on account of (the fact that), | devido a |
| owing to | devido a |
| since | desde que |
| whereas | já que, desde que, como |

## COMPARISON (comparação)

| | |
|---|---|
| as | como |
| as ... as | tão/tanto ... quanto |
| -er than (deeper than) | mais ... que |
| less ... than | menos ... que |
| like | como |
| more ... than | mais ... que |
| similar to | semelhante a |
| the same ... as | o mesmo ... que |

## CONCESSION (concessão, contraste parcial, fato contrário insuficiente para anular o outro fato)

| | |
|---|---|
| after all | afinal |
| although | embora |
| admitted that | admitindo que |
| assuming that | supondo que |
| conceded that | considerando que |
| despite | apesar de |

*(continua)*

*(continuação)*

## CONCESSION (concessão, contraste parcial, fato contrário insuficiente para anular o outro fato)

| | |
|---|---|
| despite the fact that | apesar do fato de |
| even if | mesmo se |
| even though | mesmo que |
| granted that | considerando que |
| in spite of (the fact that) | apesar de |
| nevertheless | apesar de |
| notwithstanding | apesar de, não obstante |
| regardless (of) | independentemente de |
| still/yet | ainda |
| though | embora |
| while (although) | enquanto (embora) |

## CONDITION (condição)

| | |
|---|---|
| as/so long as | contanto que, desde que |
| even if | mesmo se (que) |
| if | se |
| in case | em caso de |
| in the event (that something happens) | no evento de, caso (algo aconteça) |
| on condition that | na condição de |
| once | uma vez que |
| if only (only if) | somente se |
| provided (that) | desde que, como, já que |
| suppose that (supposing that) | supondo que |
| unless | a menos que |
| whenever | sempre que |
| whether … or | se … ou |

*(continua)*

*(continuação)*

| CONTRAST/OPPOSITION (oposição, contraste que não é total) | |
|---|---|
| conversely | em compensação |
| different from | diferente de |
| by contrast | em contraste |
| instead (of) | em vez de / ao invés de |
| on the contrary | ao contrário |
| on the other hand | por outro lado |
| rather | em vez de |
| rather than | ao contrário |
| unlike | diferentemente |
| whereas | enquanto |
| while | enquanto |

| EXCEPTION (exceção, condição negativa) | |
|---|---|
| but that | mas que |
| except that/for | exceto que |
| only that | somente que |
| save that | com exceção de |
| other than | exceto |

| MANNER (modo) | |
|---|---|
| as | como |
| as if | como se |
| as though | como se |
| how | como |

| PLACE (lugar) | |
|---|---|
| wherever | para onde quer que |
| where | onde |

*(continua)*

*(continuação)*

| PROPORTION (concomitância, simultaneidade, extensão) | |
|---|---|
| as | à medida que, conforme |
| as far as | até onde, pelo que |
| as … so | à medida que |
| in proportion as | na proporção que |
| insofar | até onde |
| to the degree that | à medida que |

| PURPOSE (finalidade) | |
|---|---|
| in order to/that | a fim de |
| so | para |
| so that | para que |

| RESULT (resultado, efeito) | |
|---|---|
| as a result | como resultado |
| consequently | consequentemente |
| so that | de modo que |
| so … that | tão … que |
| such (a) … that | tal … que |

| TIME (tempo) | |
|---|---|
| after | depois |
| as (as soon as, when) | enquanto, assim que, logo que |
| as (so) long as | desde que, assim que |
| before | antes |
| by | até |
| by the time (that) | até o momento que |
| during | durante |
| every time (that) | sempre que |

*(continuação)*

| TIME (tempo) | |
|---|---|
| in the meantime, meanwhile | enquanto isso |
| now that | agora que |
| once | antes, anteriormente |
| since/since then | desde, desde então |
| then | em seguida, depois disso |
| till | até |
| until | até |
| up to (when) | até (quando) |
| up to the time (that) | até o momento/hora que |
| when | quando |
| whenever | sempre que |
| while | enquanto |
| whilst | enquanto |
| within (2 hours) | em, dentro de (duas horas) |

**EXEMPLOS:**

1. **Although** a glacier moves slowly, it gradually removes all the loose material from the surface over which it travels, leaving bare rock surfaces when the ice melts. (Unit 3 – l. 28)
   although – concession

2. **Before** acquiring acreage in a new area, and long before attempting to locate drillable prospects, it is necessary to establish the type of basin to be evaluated and to consider what productive fairways it may contain and **where** they may be extensively located. (Unit 4 – l. 8-11)
   before – time; where – place

3. The table has no intrinsic merit **other than** to provide a framework for the following descriptions of the various types of hydrocarbon traps. (Unit 5 – l. 11)
   other than – exception

4. Arguably, diapiric traps are a variety of structural trap; **but since** they are caused by local lithostatic movement, not regional tectonic forces, they should perhaps be differentiated. (Unit 5 – l. 33-37)
   but – contraste; since – causa

5. **In order for** a reservoir to contain petroleum, it must be shaped and sealed **like** a container. (Unit 6 – l. 42-43)
   in order for – purpose; like – comparison

6. The source rocks must be buried deep enough below the surface of the Earth to heat up the organic material, but not **so** deep **that** the rocks metamorphose or **that** the organic material changes to graphite or materials other than hydrocarbons. (Unit 6 – l. 20-23)
   so … that – result

7. **As** they move, some plates drift over upwelling magma within the asthenosphere. (Unit 7 – l. 11)
   As – proportion

8. It will tell the engineer the location of the drilling bit or at what depth he can expect a high-pressure zone. **If** he can predict the high-pressure zone ahead of time, he can take action to head off problems. (Unit 11 – l. 88-89)
   if – condition

**Classifique os marcadores destacados nas frases abaixo:**

1. When they arrive near the surface – **as a result** of uplift and erosion – they encounter different conditions: (…). (Unit 2 – l. 22-23)

2. **If** the rock consists of several minerals, they may expand at different rates and break up the rock. (Unit 3 – l. 11-12)

3. Abrupt changes in rock type can form good traps (...) especially **if** a sand deposit is encased in a rock that is sufficiently rich in organic matter to act as a petroleum source and endowed with the properties of a good seal. (Unit 6 – l. 56-60)

4. Typically, two active rifts create a single accreting boundary **where** the plates begin to separate, **while** the third rift becomes inactive as a failed arm or aborted rift. (Unit 7 – l. 20-23)

5. Basalts **similar** in composition to the flood basalts of the Ponta Grossa Arch are found along the Namibian coast near Etendeka. (Unit 8 – Figure 2)

6. **Because of** difficulty in determining breaks in the velocity of sound waves between different layers along the Gulf Coast, it was difficult to determine the depth of the layers. (Unit 10 – l. 24-26)

7. A long spread is desirable in the field data acquisition **so that** the far traces (long distances from the source) can be more readily investigated for changes of the amplitude with offset. (Unit 11 – l. 57)

8. **As** the hole deepens, the kelly slides down through the rotary table until it is time to attach another length of drill pipe. (Unit 13 – l. 22-24)

9. **Once** a well has been drilled, the derrick is dismantled and moved to the next location, (…). (Unit 14 – l. 3)

10. With the aid of anchors and judicious flooding of the legs, the unit can be stabilized, **although** still floating, with the rotary table 30 m or so above the sea. (Unit 14 – l. 26-28)

# 15

## DEEPWATER
## DEVELOPMENT SYSTEMS

# 15

# DEEPWATER DEVELOPMENT SYSTEMS

## *Definições*

GLOBAL SECURITY. Offshore. Retrieved on October 22nd, 2011, from http://www.globalsecurity.org/military/systems/ship/offshore.htm. American Petroleum Institute (API).

With the discovery of fields producing hydrocarbons, located in the sea at evergreater depths, the utilization of rigid structures fixed to the seabed to support production installations has become more and more costly. Consequently, the use of floating structures (known as Stationary Production Units – SPUs) to receive production installations has been emerging as an ever more-frequent alternative that normally presents a lower cost than fixed structures. These Stationary Production Units (SPUs) are connected to ascending fluid production and export tubes, or risers, which conduct the fluids from producing wells to the SPU, or link it to other installations where fluids are stored.

Stationary Production Units must have such characteristics as to allow the utilization of ascending fluid production and steel risers in catenary curves, known among specialists by the English language abbreviation "SCR", derived from "steel catenary risers." These steel catenary riser tubes present a lower manufacturing and installation cost in comparison to the flexible riser tubes which have been used. Furthermore, in the case of production at greater depths, they are lighter, which reduces the load to be supported by the floating structure.

Frequently the economic feasibility of an enterprise for the exploitation of hydrocarbon-producing maritime field depends upon the reduction of total installation and operation costs. Specialists have proposed new Stationary Production Unit (SPU) shells to meet this requirement.

Significant technological innovations have emerged in recent years in anchoring systems and in ascending fluid production and riser systems. Such innovations, however, have been applied to conventional structures, such as semi-submersible platforms and tanker ships in the majority of cases, or to a few structures of a mono-columnar type of enormous draft, known as SPAR platform, or else to platforms with far-reaching legs, known as Tension Leg Platform (TLP).

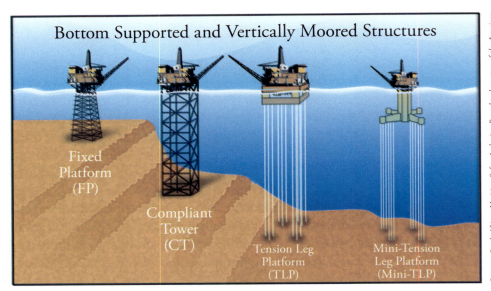

Samsa – South African Maritime Safety Authority. Reproduced courtesy of the American Petroleum Institute.

Semi-submersible platforms have the principal characteristic, in addition to being anchored, of remaining in a substantially stable position, presenting small movements when they suffer the action of environmental forces such as the wind, waves and currents.

This type of floating structure has some disadvantages to being utilized as an SPU. An outstanding disadvantage is its limited load-bearing capacity, which often limits the use of equipment in processing plants installed on the platform deck. Another is a low storage capacity for storing the oil that comes on board, also arising from the limited load-bearing capacity. Another problem to be noted is the fact that the hull of semi-submersible platforms is difficult to manufacture, which requires techniques different from those employed in ship construction. This type of floating structure also has difficulty in absorbing variations in the load on deck that arise from project changes, which results in a great disadvantage in its use.

Project alterations arise from necessities that emerge during the development of a project, and from employing more equipment in the processing plant as the result of re-evaluation of the production capacity of the field producing the petroleum where the floating structure will be employed.

The use of tanker ships adapted to receive a production plant on their deck has become quite common in recent years, specifically due to the great availability of this type of floating structure on the market. The great advantages presented by such ships are their great capacity to receive loads and their great capacity for storage.

Tanker ships, however, have the disadvantage of not being axi-symmetrical structures and the load on the ship's structure is going to vary in function of the locations where the various items of production equipment are mounted. The great disadvantage in using a ship to house a production plant on its deck is related to the difficulties that this type of floating structure presents to operating in a stabilized manner in relation to environmental conditions, i.e., winds, waves and marine currents.

For ships to be able to receive ascending fluid production and export tubes in a stable manner, i.e., without significant movements in such tubes, it is very common to employ a rotational structure in the ship that is provided with a body anchored to the seabed. That body remains in a substantially fixed position in relation to the seabed, presenting quite limited movements.

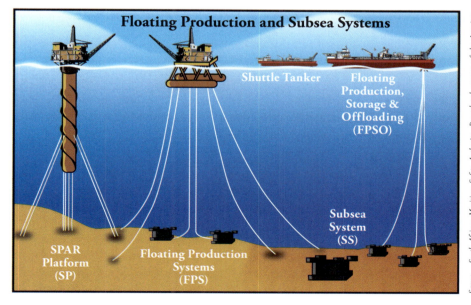

# COMPREENSÃO DO TEXTO

**A. Compreensão geral – Observe as imagens e faça uma leitura rápida. Que estruturas são discutidas?**

**B. Compreensão detalhada.**

1. Por que o uso de plataformas estacionárias se tornou mais frequente na exploração de petróleo e gás?

2. Quais as características e vantagens dos "risers"?

3. A que tipo de estruturas são aplicadas as novas tecnologias de sistemas de ancoragem e de produção e condução de fluidos?

4. Enumere as vantagens e desvantagens de:
   a. plataformas semissubmersíveis

   b. navios de produção

## ESTRUTURAS LINGUÍSTICAS

**A. Verdadeiro (V) ou falso (F)? Corrija as alternativas falsas.**

( )  *which* (l. 8) refere-se a *risers*.

( )  *their* (l. 45) refere-se *production plant*.

( )  a expressão *a lower manufacturing and installation cost* (l. 13-14) pode ser classificada como não equivalência – comparativo de igualdade.

( )  a expressão *in the case of production at greater depths, they are lighter* (l. 15-16) pode ser classificada como não equivalência – comparativo de superioridade.

( )  a estrutura *more and more costly* (l. 3) pode ser classificada como intensificação.

( )  a forma verbal *has become* (l. 3) está no *Present Perfect*.

( )  a forma verbal *have been applied* (l. 23) está na Voz Ativa.

( )  as palavras *discovery* (l. 1), *utilization* (l. 2) e *alternative* (l. 6) são substantivos.

( )  a palavra *fixed* (l. 2 e l. 6) exerce respectivamente a função de verbo e adjetivo.

( )  as palavras *ascending* (l. 7) e *manufacturing* (l. 14) exercem respectivamente a função de adjetivo e substantivo.

**B. Relacione as colunas. Que ideia expressam os marcadores em negrito?**

1. Addition
2. Alternation
3. Cause
4. Contrast
5. Place
6. Result
3. Cause
7. Time

( ) **Consequently**, the use of floating structures to receive production installations has been emerging as an ever more-frequent alternative (…). (l. 3-6)

( ) **Furthermore**, in the case of production at greater depths, they are lighter, (…). (l. 15-16)

( ) Such innovations, **however**, have been applied to conventional structures, (…). (l. 22-23)

( ) (…) **or** to a few structures of a mono-columnar type of enormous draft (…). (l. 24-25)

( ) Semi-submersible platforms have the principal characteristic, **in addition to** being anchored, of remaining in a substantially stable position (…). (l. 27-28)

( ) (…) presenting small movements **when** they suffer the action of environmental forces such as the wind, waves and currents. (l. 28-30)

( ) Project alterations arise from necessities that emerge during the development of a project, and from employing more equipment in the processing plant as the result of re-evaluation of the production capacity of the field producing the petroleum **where** the floating structure will be employed. (l. 41-44)

( ) The use of tanker ships adapted to receive a production plant on their deck has become quite common in recent years, specifically **due to** the great availability of this type of floating structure on the market. (l. 45-47).

Deepwater Development Systems **195**

## C. EXEMPLIFICAÇÃO – Identifique os exemplos e responda.

### 1. linhas 22-26

a. Que expressão introduz o exemplo? _____

b. Quais os exemplos? _____

c. O que está sendo exemplificado? _____

### 2. linhas 27-30

a. Que expressão introduz o exemplo? _____

b. Quais os exemplos? _____

c. O que está sendo exemplificado? _____

# DEFINIÇÕES E EXPLICAÇÕES

Textos que apresentam terminologia técnica geralmente empregam definições e explicações. É o caso de textos dirigidos a leigos, a pessoas que estudam assuntos técnicos ou, ainda, quando o objetivo do texto é apresentar informações sobre inovações em determinada área.

**A. Expressões comumente utilizadas para apresentar definições e explicações:**

| | | | |
|---|---|---|---|
| is/are | can be defined as | denotes | in other words |
| means | is defined as | by ... we mean | i. e. |
| is taken to be | consist of | by ... is meant | that is (to say) |

1. Weathering **is** the process that breaks rocks down to smaller fragments and alters minerals formed at temperature and pressure higher to those stable under conditions present near the Earth's surface. (Unit 2 – l. 1-2)
2. Erosion **can be defined as** the removal of rock and soil material by natural processes, principally running water, glaciers, waves, and wind. (Unit 3 – l. 1-2)

3. Structural traps **are** those whose geometry was formed by tectonic processes after the deposition of the beds involved. (Unit 5 – l. 13-16)

**B. Algumas definições/explicações apresentam mais características/detalhes através de outra oração, geralmente, introduzida por pronome relativo: WHO, WHOSE, WHICH, THAT, WHEN, WHERE.**

1. Geologists recognize two categories of weathering processes: physical weathering – **which** disintegrates rocks and minerals by a physical or mechanical process and chemical weathering – **which** chemically alters or decomposes rocks and minerals. These processes work together and break down rocks and minerals to smaller fragments or to minerals more stable near the Earth's surface. (Unit 2 – l. 3-8)

2. A sedimentary basin is an area of the Earth's crust **that** is underlain by a thick sequence of sedimentary rocks. (Unit 4 – l. 1-2)

3. Water plays an important role in erosion. **When** a region receives more water than the ground can absorb, the excess water flows to lower areas, carrying loose material with it. (Unit 3 – l. 17-19)

**C. Outro modo de apresentar uma explicação ou definição é empregar um substantivo, uma "noun phrase", um aposto (termo que explica, desenvolve, identifica ou resume outro termo), uma oração separada por vírgulas ou por travessões.**

1. Development of joints – joints are regularly spaced fractures **or cracks in rocks that show no offset across the fracture**. (Unit 2 – l. 9-11)
   Explica a palavra *fractures*.

2. Petroleum generation occurs over long periods of time – **millions of years**. (Unit 6 – l. 10)
   Explica o período de tempo para a formação do petróleo.

3. A rock capable of storing petroleum in its pore spaces, **the void spaces between the grains of sediment in a rock**, is known as a reservoir rock. (Unit 6 – l. 26-28)
   Explica o significado de *pore spaces*.

4. Rocks that lack pore space tend to lack permeability, **the property of rock that allows fluid to pass through the pore spaces of the rock**. (Unit 6 – l. 32-34)
Explica o significado de *permeability*.

5. Typical traps for petroleum include hills shaped similar to upsidedown bowls below the surface of the Earth, [which are] **known as anticlines**, or traps formed by faults. (Unit 6 – l. 54-56)
Define o termo científico empregado na geologia – *anticline*.

6. Thermal uplift, **or doming of the continental crust and upper mantle**, is followed by faulting as the crust stretches, thins and weakens. (Unit 7 – l. 17-19)
Explica/define *thermal uplift*.

7. Typically, two active rifts create a single accreting boundary where the plates begin to separate, while the third rift becomes inactive as a failed arm **or aborted rift**. (Unit 7 – l. l. 20-23)
Explica que *failed arm* é um sinônimo de *aborted rift*.

8. The coastal dike swarms mark the northern and southern arms of (1) **a plume-generated triple junction system** (2) [which is] **centered on Brazil's Paraná State coast**. (Unit 8 – l. 15-16)

(1) "Noun phrase" – um sistema de tripla junção [que foi] gerado por uma pluma mantélica.

(2) oração que define a localização da tripla junção.


**EXERCÍCIO: Sublinhe as definições/explicações nas seguintes frases:**


1. Consequently, the use of floating structures (known as Stationary Production Units – SPUs) to receive production installations has been emerging as an ever more-frequent alternative that normally presents a lower cost than fixed structures. (l. 3-6)

2. These Stationary Production Units (SPUs) are connected to ascending fluid production and export tubes, or risers, which conduct the fluids from producing wells to the SPU, or link it to other installations where fluids are stored. (l. 6-9)

3. Stationary Production Units must have such characteristics as to allow the utilization of ascending fluid production and steel risers in catenary curves, known among specialists by the English language abbreviation "SCR", derived from "steel catenary risers." (l. 10-13)

4. Such innovations, however, have been applied to conventional structures, such as semi-submersible platforms and tanker ships in the majority of cases, or to a few structures of a mono-columnar type of enormous draft, known as SPAR platform, or else to platforms with far-reaching legs, known as Tension Leg Platform (TLP). (l. 22-26)

5. Semi-submersible platforms have the principal characteristic, in addition to being anchored, of remaining in a substantially stable position, presenting small movements when they suffer the action of environmental forces such as the wind, waves and currents. (l. 27-30)

6. This type of floating structure has some disadvantages to being utilized as an SPU. An outstanding disadvantage is its limited load-bearing capacity, which often limits the use of equipment in processing plants installed on the platform deck. (l. 31-33)

7. The great disadvantage in using a ship to house a production plant on its deck is related to the difficulties that this type of floating structure presents to operating in a stabilized manner in relation to environmental conditions, i.e., winds, waves and marine currents. (l. 51-54)

8. For ships to be able to receive ascending fluid production and export tubes in a stable manner, i.e., without significant movements in such tubes, it is very common to employ a rotational structure in the ship that is provided with a body anchored to the seabed. (l. 55-58)

# 16

## BRAZIL'S PRESALT PLAY: CHALLENGES AHEAD

# 16

# BRAZIL'S PRESALT PLAY: CHALLENGES AHEAD

## *Tempos verbais – Futuro*

BEASLEY, C. et al. *Brazil's Presalt Play: Challenges Ahead*. In Oilfield Review, p. 36-37. Autumn 2010:22, nº 3. Schlumberger. Retrieved on March 12, 2011, from http://www.slb.com/resources/publications/oilfield_review/en/2010/or2010_aut.aspx.
© Schlumberger. Posterior reprodução é proibida sem a permissão da Schlumberger.

1    The Santos basin, initial site of recent presalt discoveries in Brazil, presents numerous E&P challenges implicit in a setting where ultradeep waters cover a deep carbonate reservoir masked by a thick layer of salt. The focus of exploration, the presalt cluster, lies in waters ranging from 1,900 to 2,400 m

5    [6,200 to 7,870 ft] in depth. Located some 300 km [185 mi] from the coast, presalt cluster activities are driven by precisely coordinated logistics that ensure equipment and crews arrive on location when needed. The problems associated with distance from shore can be exacerbated by metocean conditions, which can range from moderate to severe: Waves in the Santos basin can build to

10   much greater heights than those experienced in the Campos basin to the north – up to 40% higher. This adds a significant dimension to every offshore mission – from crew change to rig supply and from anchor handling to pipe laying. The logistical role will become even more important as pipelines, platforms, FPSOs, and associated infrastructure are installed to support production.

15   In these waters, exploration and production teams rely heavily on geophysical data to find promising structures and later, to aid in reservoir characterization. However, imaging beneath the salt can be problematic. To obtain the offsets required to successfully image beneath the salt, advanced acquisition strategies,

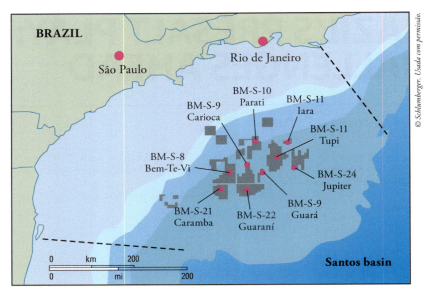

Santos basin presalt cluster. The Tupi well, RJS-628A, ranks as the first major oil discovery of the presalt cluster and was followed by at least seven others in the cluster lease blocks.

employing methods such as wide-azimuth, rich-azimuth and muItiazimuth techniques, are being used.

Processing may also be complicated. The high contrast in seismic velocity between the salt and sediments causes problems for conventional time-migration methods, so depth-migration techniques are preferred. These imaging algorithms require accurate velocity models above, within and below the salt. With the adaptation of electromagnetic (EM) technology for deepwater environments, exploration teams are now integrating EM data with seismic data. Joint inversion of EM and seismic data is key for enhancing structural resolution and locating hydrocarbon reserves with an accuracy that would not otherwise be possible.

Among the more daunting challenges is wellbore construction. Immediately above the target reservoir lie as much as 2,000 m of evaporites. The varying composition of the evaporite interval can be especially difficult to drill. This section, composed primarily of halite [$NaCl$] and anhydrite [$CaSO_4$], also contains layers of carnallite [$KMgCl_3•6(H_2O)$] and tachyhydrite [$Ca.Mg_2Cl_6•12H_2O$]. Each layer is characterized by different creep rates, which can vary as much as two orders of magnitude between the various types of salt. Creep can lead to wellbore restrictions, stuck pipe and casing failure (below).

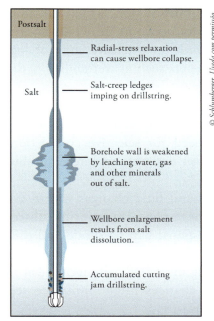

Potential drilling problems. Drilling through salt requires special attention to drilling fluids. Potential problems include sections of borehole enlargement and weakened borehole walls as a result of salt leaching. Low mud weight may allow creep to impinge on the drillstring. Drilling fluids contaminated with salt from the formation can develop unfavorable rheological properties that reduce the mud's ability to carry cuttings to the surface, causing the drillstring to become packed off above the bit.

Furthermore, the presalt reservoirs consist of heterogeneous, layered carbonates, which can adversely affect drilling progress. Drilling performance is always a major concern in ultradeep waters, where drilling rigs command high day rates. The ability to improve drilling performance will have an impact on extended-reach drilling projects that may be required to develop these reservoirs in the future.

Geomechanics will play a big role in future development plans. Geomechanical studies aid in anticipating the potential for rock failure or salt deformation around the wellbore and can aid in selection of drill bits and drilling fluids. These studies will also be instrumental in devising mud, casing and cementing programs to extend wellbore longevity in such hostile conditions.

A key to production ultimately lies in the petrophysical characterization of the presalt carbonate reservoir. Although presalt discoveries have generated interest in lacustrine carbonate reservoirs, there are still significant gaps in industry knowledge regarding their depositional environments and subsequent diagenetic processes. Initial porosity in lacustrine deposits is highly variable. Worldwide, microbialite formations often require porogenesis, or diagenetic enhancement, to form an adequate petroleum reservoir. In lacustrine reservoirs, faults and fracture networks are thought to provide pathways for delivering fluids that promote diagenetic processes, especially dissolution, which can improve reservoir quality by connecting vuggy porosity networks. In wildcat wells and appraisal wells, core analysis data, along with an extensive suite of logging measurements, are obtained to assess parameters such as wettability, hydraulic connectivity, pore structure and permeability.

Thorough reservoir characterization is necessary for defining the best well geometries and completion schemes. In most presalt wells, a thick oil column and reservoir heterogeneity indicate the need for selective completions. A carefully planned acid stimulation job is also desirable to spread production more evenly across the pay zone.

Production or injection can cause stress and fluid changes within a field. Changes in effective pressure can also affect the responses seen during subsequent 4D seismic surveys. Because seismic 4D response can be subtle and difficult to detect in carbonates, highly accurate and sensitive seismic measurements are needed. Once the changes are accurately measured, geomechanical Earth models will aid in predicting how these changes might influence seismic responses and reservoir performance in the future.

To meet these and other challenges, presalt ventures will call on the technical expertise and research capabilities of service companies and academia. In September 2009, Schlumberger signed a joint cooperation agreement with the Universidade Federal do Rio de Janeiro to build an international research center on the university's campus. The Schlumberger Brazil Research and Geoengineering Center (BRGC), as part of the larger Schlumberger global research and development network, has identified four areas of concentration: carbonate reservoir characterization, 4D geophysical imaging, well construction and geomechanics, and reservoir engineering. The BRGC will accommodate up to 350 people and will house state-of-the-art centers for 3D visualization, seismic data processing, software development and training. Three specially designed, fully integrated laboratories will provide empirical input for models and simulations which will be used to help operators to develop a comprehensive characterization of the reservoir:

- Well Services Regional Research Laboratory features cementing and stimulation equipment for research activities aimed at enhancing production from presalt formations.

- Reservoir Core Laboratory provides fluid and core analysis for integration with geophysics, petrophysics and geomechanics studies.

- Reservoir Fluid Laboratory offers integrated fluid sampling and analysis under representative downhole conditions, to reduce data uncertainty in complex development projects.

The lessons learned within the research center may carry over to other basins around the world. Already it is recognized that the predrift geology and tectonics of the basins along the southeast coast of South America are singular in many respects to those of the basins along the west coast of Africa. Each coast has sag basins containing organic-rich source rocks covered by thick layers of salt.

Although important differences exist between the basins on each side of the Atlantic, the experiences gained on one side are paving the way for exploration on the other, and some operators are establishing a presence along both coasts. Along the Brazilian coast, this experience is paying off, as seen in excellent results obtained from extended testing in a Tupi Sul well. This well has produced – on choke – an average of 2,544 $m^3$/d [16,000 bbl/d] for the past year and a half, proving the real potential of this new play in Brazil.

## COMPREENSÃO DO TEXTO

**A. Compreensão geral e dos pontos principais – Observe as figuras, faça uma leitura rápida do texto e responda:**

1. Que informação apresenta cada figura?

2. Qual a ideia geral do texto?

## B. Compreensão detalhada.

1. Na coluna da esquerda, enumere os desafios enfrentados na exploração e produção na área do pré-sal. Na coluna da direita, relacione informações relevantes sobre cada um.

a. Distância da costa

b.

c.

d.

e.

**Brazil's Presalt Play: Challenges Ahead** 207

f.

g.

h.

i.

2. Que acordo foi assinado em setembro de 2009?

3. Que áreas de concentração foram identificadas?

# UPSTREAM – Inglês Instrumental – Petróleo e Gás

4. Enumere os laboratórios que fornecerão os dados empíricos para os modelos e simulações usados para ajudar os operadores a desenvolver a caracterização completa do reservatório?

5. Como poderá ser empregado o conhecimento gerado nesse centro de pesquisa?

# ESTRUTURAS LINGUÍSTICAS

## A. Verdadeiro (V) ou falso (F)? Corrija as alternativas falsas.

( )  *This section* (l. 33) refere-se a *evaporite interval*.
( )  *their* (l. 52) refere-se a *lacustrine carbonate reservoirs*.
( )  *Furthermore* (l. 38) expressa a ideia de contraste.
( )  *Because* (l. 69) expressa a ideia de causa.
( )  As expressões *much greater heights* e *higher* (l. 10-11) podem ser classificadas como equivalência – comparativo de igualdade.
( )  As palavras *later* (l. 16) e *now* (l. 26) indicam respectivamente sequência temporal posterior e simultânea.

## B. Classifique as palavras terminadas em *-ed* e *-ing*:

**(1) substantivo, (2) adjetivo, (3) infinitivo,
(4) parte de estrutura verbal, (5) preposição.**

1. (...) in a setting where ultradeep waters (...) (l. 2)
2. (...) precisely coordinated logistics (...) (l. 6)
3. (...) from anchor handling to pipe laying. (l. 12)
4. (...) and associated infrastructure are installed (...) (l. 14)

5. (...) instrumental in devising mud, casing and cementing programs (...) (l. 47)
6. (...) significant gaps in industry knowledge regarding their depositional environments (...) (l. 51-52)

## C. EXEMPLIFICAÇÃO – Identifique os exemplos e responda.

### 1. linhas 19-20

a. Que expressão introduz o exemplo? _____

b. Quais os exemplos? _____

c. O que está sendo exemplificado? _____

### 2. linha 60

a. Que expressão introduz o exemplo? _____

b. Quais os exemplos? _____

c. O que está sendo exemplificado? _____

## D. Tempos verbais – Classifique as estruturas verbais em negrito.

**1. Presente Simples – Voz Ativa**
**2. Presente Simples – Voz Passiva**
**3. Passado Simples – Voz Ativa**
**4. Verbo modal – Voz Ativa**
**5. Verbo modal – Voz Passiva**
**6. Present Perfect – Voz Ativa**

( ) The focus of exploration, the presalt cluster, **lies** in waters ranging from (…). (l. 3-4)

( ) Schlumberger **signed** a joint cooperation agreement (…). (l. 75)

( ) Each layer **is characterized** by different (…). (l. 35)

( ) The problems associated with distance from shore **can be exacerbated** by metocean conditions (…). (l. 7-8)

( ) Although presalt discoveries **have generated** interest in lacustrine carbonate reservoirs (…). (l. 50-51)

( ) Waves in the Santos basin **can build** to much greater heights (…). (l. 9-10)

# TEMPOS VERBAIS – FUTURO

No exercício anterior, você identificou os tempos verbais estudados em unidades anteriores: presente, passado e verbos modais. Nesta última unidade, estudaremos o futuro. Em inglês, há duas estruturas que se referem ao futuro: **will + infinitivo** (que já vimos na Unit 4 – Modalidade) e a estrutura **going to + infinitivo**.

## VOZ ATIVA

**A.** *will* **+ infinitivo** – É empregado com maior frequência na linguagem escrita formal.

1. In routine oil field development wells, (...), they may not be present at the well site, although they **will monitor** the progress of the well from the office. (Unit 13 – l. 44-47)
2. Modeling is an excellent tool in educating the explorationist in ways that **will help** upgrade data interpretation. (Unit 11 – l. 23-24)

**B.** *going to* **+ infinitivo** – É empregado com mais frequência na linguagem oral. Portanto, nos textos utilizados neste livro, você não encontrará exemplos dessa estrutura. Os exemplos a seguir foram criados apenas para ilustrar o uso.

1. He **is going to write** an article about the evaporites in Santos Basin.
2. Oil companies **are going to drill** exploratory wells in Santos Basin.

## VOZ PASSIVA

**A.** *will* **+** *be* **+ past participle**

1. The MMT model **will be used** to focus poorly defined seismic geometry prior to depth migration and consequently reduce the cost and time which are required to complete the depth imaging cycle while increasing resolution and interpretation fidelity. (Unit 12 – l. 45-48)
2. Depending on the final depth of the hole, several diameters of bit **will be used** with the appropriate casing. (Unit 13 – l. 31-32)

Brazil's Presalt Play: Challenges Ahead **211**

### B. *going to + be + past participle*

1. An article about the evaporites in Santos Basin **is going to be written**.
2. Exploratory wells **are going to be drilled** in Santos Basin.

**EXERCÍCIO: Retire do texto exemplos de estruturas verbais no futuro.**

1. linha 13  _____
2. linha 41  _____
3. linha 44  _____
4. linha 47  _____
5. linha 72  _____
6. linha 74  _____
7. linha 82  _____
8. linha 83  _____
9. linha 85  _____
10. linha 86  _____

# REFERÊNCIAS BIBLIOGRÁFICAS

# TEXTOS

UNIDADE 1: RELATIONSHIP OF PETROLEUM GEOLOGY TO SCIENCE
SELLEY, Richard C. Relationship of Petroleum Geology to Science (adapted). *Elements of Petroleum Geology*. London: Academic Press, 1998. p. 7-9.

UNIDADE 2: WEATHERING
EARTH SCIENCE AUSTRALIA. *Weathering*. Adapted from the lecture notes of Prof. Stephen A. Nelson's classes, Tulane University. (Adapted) Retrieved on May 17th, 2011 from http://www.earthsci.org/education/teacher/basicgeol/weasoil/weasoil.html.

UNIDADE 3: EROSION
ENCARTA. Erosion. Microsoft® Encarta® Online Encyclopedia 2008. Retrieved on September 7th, 2008, from http://encarta.msn.com/encyclopedia_761555067/Erosion.html.

UNIDADE 4: SEDIMENTARY BASINS
SELLEY, Richard C. Sedimentary Basins and Petroleum Systems (adapted). *Elements of Petroleum Geology*. London: Academic Press, 1998. p. 363-365.

UNIDADE 5: CLASSIFICATION OF TRAPS
SELLEY, Richard C. Classification of traps (adapted). *Elements of Petroleum Geology*. London: Academic Press, 1998. p. 313-314.

UNIDADE 6: PETROLEUM FORMATION
LERNER, K. Lee and Lerner, Brenda Wilmoth, (Ed.) "Petroleum." World of Earth Science. Gale Cengage, Inc., 2003. eNotes.com. 2006. Retrieved on August 26th, 2011, from http://www.enotes.com/earth-science/petroleum.

UNIDADE 7: BRAZIL'S PRESALT PLAY: TECTONIC FOUNDATIONS
BEASLEY, C. et al. *Brazil's Presalt Play*. In Oilfield Review. Autumn 2010:22, nº 3, p. 30-31. Schlumberger. Retrieved on March 12, 2011, from http://www.slb.com/resources/publications/oilfield_review/en/2010/or2010_aut.aspx.

UNIDADE 8: BRAZIL'S PRESALT GEOLOGY
BEASLEY, C. et al. *Brazil's Presalt Play*. In Oilfield Review. Autumn 2010:22, nº 3, p. 31-34. Schlumberger. Retrieved on March 12, 2011 from http://www.slb.com/resources/publications/oilfield_review/en/2010/or2010_aut.aspx.

UNIDADE 9: EVOLUTION OF PETROLEUM EXPLORATION CONCEPTS AND TECHNIQUES
SELLEY, Richard C. Introduction (adapted). *Elements of Petroleum Geology*. London: Academic Press, 1998. p. 5-6.

UNIDADE 10: METHODS OF EXPLORATION THE SEISMIC METHOD
PETTY, O. Scott. *Oil Exploration* (adapted). Retrieved on May 25th, 2007, from Handbook of Texas Online, http://www.tsha.utexas.edu/handbook/online/articles/OO/doo15.html.

UNIDADE 11: SEISMIC INTERPRETATION
Gadallah, Mamdouh R. and Fisher, Ray. *Seismic Interpretation*. In Exploration Geophysics. Springer Berlin Heidelberg, 2009. Chapter 6, p. 149, 216-218.

UNIDADE 12: MARINE MAGNETOTELLURIC MAPPING IN THE SANTOS BASIN, BRAZIL
FONTES, S. L. et al. *First Application of Marine Magnetotellurics improves depth imaging in the Santos Basin – Brazil* (adapted). Retrieved on September 27, 2011, from http://www.slb.com/~/media/Files/westerngeco/resources/papers/2008/2008_eage_2.ashx.

UNIDADE 13: METHODS OF OIL EXPLORATION: ROTARY DRILLING
SELLEY, Richard C. Methods of Exploration. *Elements of Petroleum Geology*. London: Academic Press, 1998. p. 39-44.

UNIDADE 14: TYPES OF DRILLING UNITS
SELLEY, Richard C. *Elements of Petroleum Geology*. London: Academic Press, 1998. p. 44-47.

UNIDADE 15: DEEPWATER DEVELOPMENT SYSTEMS
GLOBAL SECURITY. Offshore. Retrieved on October 22nd, 2011 from http://www.globalsecurity.org/military/systems/ship/offshore.htm.

UNIDADE 16: BRAZIL'S PRESALT PLAY: CHALLENGES AHEAD
Beasley, C. et al. *Brazil's Presalt Play: Challenges Ahead*. In Oilfield Review, p. 36-37. Autumn 2010:22, nº 3. Schlumberger. Retrieved on March 12, 2011, from http://www.slb.com/resources/publications/oilfield_review/en/2010/or2010_aut.aspx.


# DICIONÁRIOS E GLOSSÁRIOS

ASSOCIAÇÃO DOS GEÓLOGOS DE PERNAMBUCO. *Glossário geológico*. Disponível em http://www.agp.org.br/.

BUCKLEY, Marcia. *A Dictionary of Petroleum Terms: English-Portuguese*.Macaé: Noble do Brasil S/C Ltda., 2002.

CLICK MACAÉ. *Terminologia offshore*. Disponível em http://www.clickmacae.com.br/?sec=85&pag=pagina&cod=4.

CPRM – Serviço Geológico do Brasil. *Glossário Geológico*. Disponível em http://www.cprm.gov.br/Aparados/glossario_geologico.htm#.

DUARTE, Osvaldo Oliveira. *Dicionário Enciclopédico Inglês-Português de Geofísica e Geologia*. 4ª ed. Rio de Janeiro: Sociedade Brasileira de Geofísica, 2009.

FARLEX. *The Free Dictionary*. Disponível em http://www.thefreedictionary.com/dictionary.htm.

HARPER, Douglas. *Online Etymology Dictionary*. Disponível em: http://www.etymonline.com.

HOUAISS, Antonio. *Dicionário Eletrônico da Língua Portuguesa* 1.0. Rio de Janeiro: Objetiva, 2001.

HOUAISS, Antonio (Ed.). *Dicionário Inglês-Português*. Rio de Janeiro: Record, 1982.

OSHA – Occupational Safety & Health Administration. *Glossary of Petroleum Terms*. Disponível em http://www.osha.gov/SLTC/etools/oilandgas/glossary_of_terms/glossary_of_terms_a.html.

OSHA – Occupational Safety & Health Administration. *Illustrated Glossary*. Disponível em http://www.osha.gov/SLTC/etools/oilandgas/illustrated_glossary.html.

SCHLUMBERGER. *Oilfield Glossary*. Disponível em http://www.glossary.oilfield.slb.com/.

SUGUIO, Kenitiro. *Dicionário de Geologia Sedimentar e áreas afins*. Rio de Janeiro: Bertrand Brasil, 1998.

Webster's Online Dictionary – The Rosetta Edition. Disponível em http://www.websters-online-dictionary.org.

WINGE, M. et. al. *Glossário Geológico Ilustrado*. Disponível em: http://www.unb.br/ig/glossario/.

## PESQUISA

BAILEY, R. W. *The Conquests of English. In The English Language Today* (ed. S. Greenbaum), p. 0-19. Oxford: Pergamon, 1985.

BOECKNER, Keith, BROWN, P. Charles. *Oxford English for Computing.* Oxford: Oxford University Press, 1993.

BROWN, P. Charles, Mullen, Norma D. *English for Computer Science.* Oxford: Oxford University Press, 1984.

CEPRIL. *Resource Package for Teachers of English for Academic Purposes.* Projeto Nacional de Ensino de Inglês Instrumental. São Paulo: CEPRIL/PUC-SP (mimeografado), 2ª edição, 1994.

CRUZ, Décio Torres, SILVA, Alba Valéria e ROSAS, Marta. *Inglês.com.textos para informática.* São Paulo: DISAL Editora, 2006.

CUNHA, Celso. *Gramática da Língua Portuguesa.* Rio de Janeiro: Fundação de Assistência ao Estudante, 1986.

FRANK, Marcela. *Modern English – a practical reference guide.* Englewoods Cliffs, NJ: Prentice Hall Inc., 1972.

GALLO, Lígia Razera. *Inglês Instrumental para informática – Módulo I.* São Paulo: Ícone Editora, 2011.

GARCIA, Othon M. *Comunicação em prosa moderna.* Rio de Janeiro: Editora da Fundação Getulio Vargas, 1988. 14ª edição.

GRIES, Stefan Th. A corpus-linguistic analysis of English -ic vs -ical adjectives. ICAME (International Computer Archive of Modern and Medieval English) *JOURNAL*, nº 25, S/D. Disponível em http://icame.uib.no/ij25/gries.pdf. Acessado em 4 ago 2011.

HEWINGS, Martin. *Advanced Grammar in use.* Cambridge: Cambridge University Press, 2000.

JALIL GUITERAS, Oscar Hernán. *Metodologia de análise global para o desenvolvimento de um campo de gás natural.* Orientador: Luís Fernando A. Azevedo; co-orientador: Oswaldo Antunes Pedrosa Jr. Rio de Janeiro : PUC, Departamento de Engenharia Mecânica, 2003. 285 f. Disponível em http://www2.dbd.puc-rio.br/pergamum/tesesabertas/0115617_03_Indice.html.

KRETZSCHMAR, W. A., Jr. *English in the Middle Ages: the struggle for acceptability.* In The English Language Today (ed. S. Greenbaum), p. 20-29. Oxford: Pergamon, 1985.

MCCRUM, R., W. CRAN and R. MACNEIL. *Chapter 2: The mother tongue.* In The Story of English, pp.51-88. New York: Viking, 1986.

QUIRK, Randolph. *A Grammar of Contemporary English.* London: Longman, 1978.

SACCONI, Luiz Antonio. *Nossa gramática: teoria.* São Paulo: Atual, 1990.

SAVIOLI, Francisco Platão, FIORIN, José Luiz. *Para entender o texto – leitura e redação.* São Paulo: Editora Ática, 1990.

SCOTT, Michael. *Conscientização – Working Papers nº 18.* Projeto Nacional de Ensino de Inglês Instrumental. São Paulo: CEPRIL/PUC-SP (mimeografado), 1986.

SOUZA, Adriana G. F. et al. *Leitura em Língua Inglesa: uma abordagem instrumental.* São Paulo: DISAL Editora, 2005.

STYLE GUIDE. Division of words. In Dictionary. com. Disponível em http://dictionary2. classic.reference.com/writing/styleguide/division.html.

# GLOSSÁRIO

# GLOSSÁRIO

**abrade** – desgastar
**account for** – justificar, explicar
**accrete** – crescer. Em tectônica de placa, crescimento da margem ativa da placa continental pela acumulação convergente de materiais arrancados do fundo oceânico e do topo da placa subducente.
**accretion** – acreção
**accuracy** – precisão, exatidão
**accurate** – preciso, exato
**achieve** – conseguir
**acreage** – terras, áreas
**agree** – concordar
**agreement** – acordo
**Allied** – Aliados – Império Britânico, França, Império Russo (até 1917) e Estados Unidos (a partir de 1917).
**allow** – permitir
**amidship** – à meia nau (no meio do navio)
**ammonites** – amonita
**appraisal well** – poço de avaliação. Poço destinado a analisar o reservatório.
**approach** – abordagem
**arguably** – potencialmente
**assess** – avaliar
**assessment** – avaliação
**bar** – barreira
**bare** – descoberto, limpo
**barge** – barca, barcaça

**barren** – improdutivo
**basement** – embasamento
**bayou** – braço de rio localizado no sul dos Estados Unidos
**bear** – suportar
**bed** – camada
**bedrock** – embasamento rochoso
**biofilm** – biofilme (comunidades biológicas estruturadas)
**blowout** – blowout, explosão. Em perfuração para petróleo, saída descontrolada dos fluidos da formação para a superfície.
blowout preventer (BOP) – sistema de segurança contra explosões
**bond** – ligação
**bore** – poço
**borehole** – poço
**boring** – perfurar, perfuração
**bottom** – fundo
**brackish** – salobre
**break down** – divergir
**breakup** – ruptura
**bright spot** – mancha brilhante
**broad** – amplo
**burial** – soterramento
**burrowing** – perfuração, escavação
**caisson** – tubulão, porta-batel
**call on** – exigir
**cap rock** – rocha capeadora
**casing** – revestimento
**caving** – desmoronamento.

Em perfuração para petróleo, material arrancado da parede do poço em razão do atrito com a lama ascendente.

**cellar** – antepoço (escavação abaixo do piso da torre que proporciona espaço para itens de equipamento no cabeçote do poço; serve também como vala para a coleta de águas pluviais ou outros líquidos que posteriormente serão removidos.)

**charged** – repleto

**chip away** – quebrar, triturar

**choke** – dispositivo de controle de fluxo. Também fornece informações para calcular o índice de produtividade em qualquer etapa da vida produtiva de um poço.

**chromatograph** – cromatógrafo

**clearance** – área livre

**closely packed** – bem empacotadas

**cluster** – poço improdutivo

**cobble** – calhau (fragmento de rocha com diâmetro entre 64 e 256 mm)

**command** – exigir

**common midpoint gather (CMP)** – ponto médio comum (CDP)

**comprehensive** – completo

**convolve** – convolucionar

**core** – amostra, testemunho

**core barrel** – trado. Equipamento para coleta de testemunho.

**coring** – obtenção, coleta de testemunho

**cornerstone** – base, fundamento

**crack** – rachadura

**crack off** – rachar, trincar

**creep** – deslizamento

**crew** – equipe de trabalho

**cross-section** – corte transversal

**crown block** – bloco de coroamento

**crude** – simples

**daunting** – desencorajador, assustador

**decay** – decaimento

**deflation** – deflação, erosão eólica.

**demand** – exigir

**deploy** – distribuir, instalar

**depocenter** – depocentro. Local de subsidência e/ou deposição máxima de uma bacia.

**depth conversion (time-to-depth conversion)** – conversão tempo-profundidade. Em reflexão sísmica, transformação da escala vertical dos dados de tempo de reflexão para profundidade.

**depth migration** – migração em profundidade

**derrick** – torre

**despite** – apesar de

**devise** – elaborar, projetar

**dim spot** – mancha apagada

**dip** – mergulhar, encharcar

**disharmonic fold** – dobra disarmônica (dobra que apresenta mudança marcante de forma entre as diversas camadas)

**doming** – abaulamento

**draft** – calado

**draw works** – sonda

**drill** – perfurar

**drill pipe** – tubulação de perfuração

**Glossário** 223

**drill string, drillstring** – coluna de perfuração (conjunto formado pelos tubos de perfuração, comandos e dispositivos de fundo).

**drillable** – perfurável

**drown** – afundar, aprofundar

**due to** – devido a

**embed/embedded** – encravar, incrustar

**enable** – possibilitar

**embayment** – embaiamento

**encase** – encapsular

**encompass** – incluir, constituir

**encroach** – avançar

**endowe** – dotar, conter

**enhance** – aperfeiçoar, melhorar, aprimorar

**enhanced** – estimulado

**enhancement** – intensificação, estímulo

**ensue** – acontecer em seguida

**environment** – meio ambiente

**exopolymer** – exopolímero

**extend** – aumentar

**extended reach** – alcance estendido

**facies** – fácies (parte de corpo sedimentar que apresenta diferenças litológicas)

**failure** – colapso, falha

**fairway** – estrato

**fan** – leque

**farther** – mais longe, distante

**fault** – falha

**faulting** – falhamento

**feasible** – possível, adequado

**fill** – preencher, preenchimento

**firing** – tiro, detonação

**fit** – ajustar, acoplar

**fitted with** – equipada com

**flat-bottomed** – fundo chato

**fledge** – formar (sofrer transformação)

**flexible hose** – mangueira flexível

**flood** – derrame

**floodable** – inundável

**floor** – assoalho, cobrir

**flow** – derrame, fluxo

**fold** – dobramento

**folding** – dobra, dobramento

**forward modeling** – modelagem direta

**framework** – estrutura

**freeze-thaw** – congelamento-degelo

**frost wedge** – cunha de congelamento

**frost wedging** – crioclastia (gelivação)

**gap** – divergência

**gather** – recolher, coletar, reunir

**gauge** – diâmetro

**gouge** – triturar

**grave** – tumba

**gravel** – cascalho, seixo

**grind** – triturar, pulverizar

**gross** – geral

**grow** – crescer

**growth** – crescimento

**gully** – sulco, ravinamento

**gun** – arma

**gusher** – surgência

**hardness** – dureza, resistência

**heat** – calor, aquecer, aquecimento

**hence** – portanto

**herald** – provocar, levar a
**hollow** – oco
**house** – armazenar
**hull** – casco
**hydrostatic pressure** – pressão hidrostática (pressão hidrostática exercida sobre camadas porosas em poços, cujo valor é aproximadamente igual ao peso da coluna de água sustentada à profundidade sob consideração).
**i.e. (id est)** – ou seja
**idle** – ocioso
**impart** – dar, conferir, provocar
**impinge** – colidir
**impingement** – colisão
**improve** – melhorar, aperfeiçoar
**infill** – cobrir, preencher
**input** – dados
**insights** – entendimento
**instead of** – em vez de
**isochron map** – mapa de isócronas Em prospecção sísmica, mapa onde as curvas de níveis representam tempo de reflexão.
**isopach map** – mapa de isópacas. Mapa que indica a variação da espessura de uma formação geológica.
**jack-up rig** – plataforma jack-up, plataforma autoelevatória, unidade autoelevadora
**joint** – junta, fratura
**judicious** – criterioso
**kelly** – haste giratória
**kelly bushing** – conjunto motriz da união. Transmite movimento

giratório à haste giratória (kelly) da mesa rotativa (plataforma giratória) e também permite ao kelly ser abaixado ou elevado no seu comprimento total, em movimento ou parado.
**lack** – falta, carência, não apresentar, não possuir
**land** – cair no chão/solo
**layer** – camada
**leaching** – lixiviação
**leakage** – vazamento
**level** – nivelar
**lie** – situar
**likely** – provável
**likewise** – da mesma forma
**limemud** – lama calcária intervening
**limestone** – calcário
**line** – revestir
**lineament** – lineamento
**load** – carga
**log** – registro, perfil, perfilagem
**logging** – perfilagem
**look for** – procurar
**loose** – solto
**lower** – inferior
**mark** – definir
**marked** – claramente definido
**mask** – cobrir
**metocean** – dados oceanográficos e meteorológicos
**microbialite** – microbiólito
**monopod rig** – plataforma com um único suporte
**mud manifolds** – válvulas de distribuição de lama
**mud pumps** – bomba de lama

**Glossário** 225

**mudlogger** – geólogo que analisa a lama de um poço

**nadir** – nadir, ponto mais baixo

**NMO (normal moveout)** – sobretempo normal

**novel** – novo

**nozzle** – bico, bocal, esguicho

**offset** – deslocamento, ramificação, afastamento. Em sísmica, distância horizontal da fonte ao centro da estação receptora. Em geologia, deslocamento normal horizontal de uma falha.

**oolite** – oólito (rocha sedimentar, em geral, calcária).

**other than** – diferente, que não

**overall** – total

**overlying** – sobreposto

**pack off** – comprimir

**paleocurrent** – paleocorrente

**paleoshoreline** – paleocosta

**pay zone** – zona econômica. Em exploração de petróleo, intervalo do poço com capacidade de produzir óleo e/ou gás em quantidade comercial.

**peeble** – seixo (fragmento de rocha com diâmetro entre 4 e 64 mm

**peneplain** – peneplano (extensa área, com baixa elevação topográfica, resultante de longo período de erosão).

**pick out** – obter

**pigeonhole** – classificar

**pipe laying** – instalação da tubulação

**pipe rack** – suporte para tubos

**pipeline** – gasoduto

**plant** – instalações

**play** – alvo exploratório (acumulação economicamente explorável, em determinado nível estratigráfico)

**play a role** – ter um papel

**plot – plotted** – plotar, representar graficamente

**Poisson's ratio** – razão de Poisson

**pool** – acumulação de petróleo ou gás

**porogenesis** – porogênese (origem dos poros, dos espaços intergranulares).

**power unit** – central de força

**prairie** – pradaria, campo

**pre-stack depth migration (PSDM)** – migração pré-empilhamento em profundidade

**prevent** – evitar, impedir

**prior to** – antes

**profitable** – lucrativo

**provide** – oferecer, fornecer

**pull-up** – pseudoalto (redução localizada do tempo de reflexão, decorrente da presença de um corpo sobrejacente de alta velocidade; pseudoelevação).

**pump** – bombear, bomba

**punch** – abrir caminho, perfurar

**quantum jump** – avanço importante, grande desenvolvimento

**raise** – erguer

**range** – variar, variação

**rate** – taxa

reef – recife

**reflecting horizon** – horizonte refletor

**regard** – considerar
**regardless** – independentemente de
**relief** – diminuição
**rely on** – depender de
**remains** – restos
**reservoir rock** – rocha-reservatório
**rheological** – relativo a deformações e fluxo dos materiais
**rich azimuth** – azimute rico
**rifting** – rifteamento
**rigging** – montagem da sonda
**rill** – canal
**riser** – condutor submarino
**rivulet** – pequeno riacho
**rock cutting** – cascalho
**role** – papel
**roofing** – cobertura (telhado)
**rotary table** – mesa rotativa
**runoff** – escoamento superficial
**sabhka** – ambiente de sedimentação litorâneo supramaré, intermediário entre as terras emersas e faixa intra-marés, em clima árido a semiárido, sendo comum a associação de depósitos sedimentares evaporíticos (calcários e salinos), de inundações intramarés e eólicos
**sag** – depressão (subsidência geológica regional de pequena profundidade).
**sandstone** – arenito
**scour** – força erosiva, erodir
**seal** – selamento, capeamento, selar, capear
**seal rock** – rocha selante
**seamount** – monte submarino
**seep** – nascente, fluir, penetrar

**seep out** – jorrar
**seepage** – nascente, afloramento, lixiviação, infiltração, vazamento
**seismic depth imaging** – imageamento sísmico de profundidade
**seldom** – raramente
**self-propelled** – autopropulsora
**serendipity** – por acaso, acidentalmente
**set the stage** – fornecer, estabelecer a base
**shale** – folhelho
**shape** – formato
**sheet** – camada
**shelf** – plataforma
**shell** – casco
**shot point** – ponto de detonação
**skeletal sand** – material arenoso esqueletal
**skidding** – deslizamento
**slide down** – escorregar
**slope** – encosta
**source** – fonte
**source rock** – rocha geradora
**span (time)** – período de tempo
**SPAR (Seagoing Platform for Acoustic Research)** – plataforma SPAR
**sparingly** – moderadamente, com limitação,
**spike** – impulso
**split** – ruptura
**spread** – lanço. Nos levantamentos sísmicos, conjunto formado pelo ponto de tiro e as estações receptoras.
**spreading** – expansão

**squirt out** – esguichar, jorrar
**stack** – empilhar
**stacked trace** – traço empilhado
**stacking** – camadas, empilhamento
**state-of-the-art** – de última geração
**steadily** – regularmente
**steel catenary riser** – riser rígido
**steel spring** – pontas de aço
**step change** – mudança, avanço importante
**store** – armazenar
**streambed** – leito de rio/riacho
**suffice** – bastar, ser suficiente
**supersede** – substituir
**surrounding** – áreas próximas, adjacentes, entorno
**survey** – pesquisar, analisar
**swamp** – pântano
**swarm** – grande quantidade
**swivel** – cabeça de injeção
**tachyhydrite** – taquidrita
**tackle** – realizar, efetuar
**take into acount** – considerar
**take place** – acontecer
**tar** – asfalto
**TE-TM** – modes split
**TE (Transverse electric mode)** – Método eletromagnético que envolve a medida da componente x do campo elétrico, mais as componentes x e y do campo magnético.
**thin out** – adelgaçar
**thinning** – adelgaçamento
**thrive** – lutar
**throughout** – através de, em todo o/a
**thumper** – fonte sísmica terrestre na qual o pulso é gerado pela queda de um peso

**tie up** – associar
**time migration** – migração em tempo
**timing** – sequência cronológica
**tissue** – tecido
**TM (transverse magnetic mode)** – modo magnético transverso. Método eletromagnético que envolve a medida da componente x do campo magnético, mais as componentes y e z do campo elétrico.
**tow** – rebocar
**transform boundary** – limite transformante
**traveling block** – talha móvel
**trend** – alinhamento
**trough** – depressão
**tug** – rebocador
turnaround time – tempo necessário para a realização de uma tarefa
**TVD (true vertical depth)** – profundidade vertical verdadeira
unconformity – discordância
**uplift** – soerguimento
**upward** – movimento para cima
**upwelling** – ressurgência
**veneer** – camada fina
**vibrating screen** – peneira oscilante. Unidade usada para remover as aparas da lama circulante no seu regresso do espaço anular do poço.
**void** – vazio
**vuggy** – vugular (porosidade secundária comum nas rochas calcárias, resultante da dissolução das partes mais solúveis da rocha ou do alargamento dos poros e/ou fraturas preexistentes).

**wage** – custear, sustentar
**wander about** – vagar sem rumo
**warning** – aviso
**waste** – desperdício, desperdiçar, lixo, resíduo
**water table** – lençol freático
**wavelet** – ondícula (pulso de duração relativamente pequena).
**wax** – cera, parafina
**wear down** – desgastar, erodir
**well** – poço
**wellbore** – poço
**wettability** – molhabilidade (habilidade de um fluido de formar uma película coerente sobre a superfície de um material sólido).

**whereas** – enquanto
**wide azimuth** – azimute amplo
**wide/widespread** – amplo, grande
**widely** – amplamente
**wildcat well** – poço pioneiro
**wireline** – cabo
**wireline log** – registro, perfil a cabo (medição contínua das propriedades da formação para tomar decisóes com relação às operações de perfuração e produção).
**workflow** – fluxo/processo (de trabalho)
**worn out (wear)** – desgastar

# APÊNDICE I – VERBOS IRREGULARES

# APÊNDICE I – VERBOS IRREGULARES

| BASE FORM | PAST | PAST PARTICIPLE | TRANSLATION |
|---|---|---|---|
| arise | arose | arisen | surgir |
| be (is/are) | was/were | been | ser, estar |
| bear | bore | born | nascer, surgir, suportar |
| become | became | become | tornar-se |
| begin | began | begun | começar, iniciar |
| blow | blew | blown | soprar |
| break | broke | broken | quebrar, sofrer ruptura |
| bring | brought | brought | trazer, retirar |
| cut | cut | cut | cortar |
| dig | dug | dug | escavar, perfurar |
| do | did | done | fazer, realizar |
| draw out | drew out | drawn out | retirar |
| drive | drove | driven | dirigir, direcionar, provocar |
| drive forward | drove forward | driven forward | impulsionar, induzir |
| find | found | found | descobrir, encontrar |
| freeze | froze | frozen | congelar |
| give | gave | given | dar, apresentar |
| go on | went on | gone on | continuar, prosseguir |
| grow | grew | grown | crescer, aumentar |
| have (has) | had | had | ter |
| keep | kept | kept | manter |
| know | knew | known | conhecer, saber |
| lead | led | led | levar a |
| leave | left | left | deixar |
| lie | lay | lain | situar-se |
| lose | lost | lost | perder |
| make | made | made | fazer, elaborar |
| overlie | overlay | overlain | sobrepor |
| overtake | overtook | overtaken | superar |

| | | | |
|---|---|---|---|
| pay off | paid off | paid off | recompensar, valer a pena |
| put | put | put | colocar |
| ride | rode | ridden | flutuar |
| rise | rose | risen | subir, aumentar |
| rot | rotted | rotten | decompor, degenerar, apodrecer |
| run | ran | run | realizar, executar |
| see | saw | seen | ver |
| sell | sold | sold | vender |
| send | sent | sent | enviar |
| set | set | set | estabelecer |
| show | showed | shown | mostrar, apresentar |
| sink | sunk | sunk, sunken | afundar, escavar, perfurar |
| spread | spread | spread | expandir |
| spur | spurred | spurred | estimular |
| swell | swelled | swelled/swollen | distender-se, avolumar |
| take | took | taken | pegar, levar |
| take on | took on | taken on | assumir |
| take place | took place | taken place | acontecer, ocorrer |
| thin | thinned | thinned | adelgaçar |
| think | thought | thought | pensar, acreditar |
| thrive | throve | thriven | crescer com vigor, florescer |
| underlie | underlay | underlain | subjazer, subjacente |
| understand | understood | understood | entender, compreender |
| undertake | undertook | undertaken | realizar |
| wear down | wore down | worn down | quebrar, desgastar por pressão contínua |
| wear out | wore out | worn out | desgastar, consumir gradualmente |
| withdraw | withdrew | withdrawn | remover |

# APÊNDICE II – TEMPOS VERBAIS

# APÊNDICE II – TEMPOS VERBAIS

| ACTIVE | PASSIVE (Singular) | PASSIVE (Plural) |
|---|---|---|
| **PRESENT SIMPLE** | | |
| I write the report(s). | The report is written. | The reports are written. |
| She writes the report(s). | The report is written. | The reports are written. |
| They write the report(s). | The report is written. | The reports are written. |
| **PRESENT CONTINUOUS** | | |
| I am writing the report(s). | The report is being written. | The reports are being written. |
| She is writing the report(s). | The report is being written. | The reports are being written. |
| They are writing the report(s). | The report is being written. | The reports are being written. |
| **PAST SIMPLE** | | |
| I wrote the report(s). | The report was written | The reports were written. |
| She wrote the report(s). | The report was written. | The reports were written. |
| They wrote the report(s). | The report was written. | The reports were written. |
| **PAST CONTINUOUS** | | |
| I was writing the report(s). | The report was being written. | The reports were being written. |
| She was writing the report(s). | The report was being written. | The reports were being written. |
| They were writing the report(s). | The report was being written. | The reports were being written. |

### FUTURE – WILL

| | | |
|---|---|---|
| I will write the report(s). | The report will be written. | The reports will be written. |
| She will write the report(s). | The report will be written. | The reports will be written. |
| They will write the report(s). | The report will be written. | The reports will be written. |

### FUTURE – GOING TO

| | | |
|---|---|---|
| I am going to write the report(s). | The report is going to be written. | The reports are going to be written. |
| She is going to write the report(s). | The report is going to be written. | The reports are going to be written. |
| They are going to write the report(s). | The report is going to be written. | The reports are going to be written. |

### PRESENT PERFECT SIMPLE

| | | |
|---|---|---|
| I have written the report(s). | The report has been written. | The reports have been written. |
| She has written the report(s). | The report has been written. | The reports have been written. |
| They have written the report(s). | The report has been written. | The reports have been written. |

### PRESENT PERFECT CONTINUOUS

| | | |
|---|---|---|
| I have been writing the report(s). | x – x – x – x – x – x | x – x – x – x – x – x – x |
| She has been writing the report(s). | x – x – x – x – x – x | x – x – x – x – x – x – x |
| They have been writing the report(s). | x – x – x – x – x – x | x – x – x – x – x – x – x |

## PAST PERFECT SIMPLE

| | | |
|---|---|---|
| I had written the report(s). | The report had been written. | The reports had been written. |
| She had written the report(s). | The report had been written. | The reports had been written. |
| They had written the report(s). | The report had been written. | The reports had been written. |

## PAST PERFECT CONTINUOUS

| | | |
|---|---|---|
| I had been writing the report(s). | x – x – x – x – x – x | x – x – x – x – x – x – x |
| She had been writing the report(s). | x – x – x – x – x – x | x – x – x – x – x – x – x |
| They had been writing the report(s). | x – x – x – x – x – x | x – x – x – x – x – x – x |

## FUTURE PERFECT

| | | |
|---|---|---|
| I will have written the report(s). | The report will have been written | The reports will have been written. |
| She will have written the report(s). | The report will have been written. | The reports will have been written. |
| They will have written the report(s). | The report will have been written. | The reports will have been written. |

## FUTURE PERFECT CONTINUOUS

| | | |
|---|---|---|
| I will have been writing the report(s). | x – x – x – x – x – x | x – x – x – x – x – x – x |
| She will have been writing the report(s). | x – x – x – x – x – x | x – x – x – x – x – x – x |
| They will have been writing the report(s). | x – x – x – x – x – x | x – x – x – x – x – x – x |

 A Cengage Learning Edições aderiu ao Programa Carbon Free, que, pela utilização de metodologias aprovadas pela ONU e ferramentas de Análise de Ciclo de Vida, calculou as emissões de gases de efeito estufa referentes à produção desta obra (expressas em $CO_2$ equivalente). Com base no resultado, será realizado um plantio de árvores, que visa compensar essas emissões e minimizar o impacto ambiental da atuação da empresa no meio ambiente.